하나님의
부르심

Originally published in the U.S.A
Under the title
The Call
Copyright c 2002 by Rick Joyner
Published by MorningStar Fellowship Church,
P.O. Box 339, Moravian Falls, NC 28654

Korean Translation copyright c 2002 by Grace Publishing Company
178-94 Sungin-dong Jonglo-gu Seoul, Korea

이 책의 한국어판 저작권은
MorningStar와의 독점판권 계약에 의해 은혜출판사에 있습니다.
저작권법에 의하여 한국 내에서 보호받는 저작물이므로 무단전재와 무단복제를 금합니다.

하나님의 부르심

RICK JOYNER

릭 조이너 지음 | 예태해 옮김

Grace 은혜출판사

···역자의 서문···

최후의 추구(마지막 알고 싶은 것)라는 뜻을 가진 「The Final Quest(빛과 어둠의 영적전쟁)」의 책에 이어 후편으로 발간된 「하나님의 부르심(The Call)」을 긴장과 흥분된 마음으로 기도하면서 번역을 마쳤습니다.

어둠과 어려움의 벽에 부딪힐 때마다 지혜자이신 예수님의 도우심과 인도로 이어지는 순간을 극복하면서 우리가 여러 면에서 이 세상의 마귀에게 속고 있는 것을 깨닫게 됩니다. 눈이 있어도 보지 못하고, 귀가 있어도 듣지 못하는 자들은 악한 영의 두려움과 쇠사슬에 매여 억압된 영적인 감옥 안에서 비참하게 살고 있으면서도 자신들이 어떠한 존재인지를 모르고 살고 있는 것이 참으로 안타까울 뿐입니다.

하나님의 백성은 진리 안에서 자유를 누리는 십자가의 의의 군병이 되기 위해서 날마다 자신의 육신을 죽이며 예수 그리스도의 성품을 닮아가는 삶, 즉 구원을 이루어 가는 삶을 살아야 하는 것입니다.

저자는 본문에서 "부르심 중에 가장 위대한 것은 하나님께 정복당하는 것입니다."라고 말합니다. 우리의 마음이나 생각하는 것이 하나님의 지배를 받으면서 하나님을 섬기는 자들은 그리스도의 이름을 힘입어 마귀에 빠졌던 많은 사람을 구원하는 지혜자로 바뀌게 되는 것입니다. 이 지혜자로 말미암아 자신들의 약함이 강함으로 바뀌어 예수님을 따르는 강하고 신실한 자가 되어 겸손과 순종으로 새로운 산길을 걸음으로 하늘의 별같이 빛나게 되는 것입니다.

이 책에서 우리는 마귀의 속임수를 깨닫고 이를 이길 수 있는 지혜자의 지혜를 얻을 수 있으며, 우리의 믿음 생활을 통하여 겪는 고통과 좌절감을 공감할 수 있습니다. 또한, 우리의 문제점과 그 문제를 다루는 방법을 안내하는 실제적인 책으로 우리가 무엇을 어떻게 해야 하는 것을 알려주면서 "나도 할 수 있다."하는 동기를 심어주는 동시에 지혜자와 함께할 때 영적 승리의 삶을 살기 위한 모험을 시작하게 될 것입니다.

  이 책을 읽으실 때마다 성령의 도우심으로 지혜자의 말씀과 인도를 받아 영적으로, 깊은 깨달음으로 승리하는 그리스도의 삶의 축복자가 되실 것을 확신합니다.

  이 책을 번역하게 해주신 하나님의 은혜에 감사하며 출판하기까지 도움을 주신 여러분께 진심으로 감사드립니다.

예태해 목사

···CONTENT···

역자의 서문   5

서문   11
참과 거짓에 대한 분별 / 예언의 목적 / 예언적 체험 /
성경의 무오성(無誤性)

제 1장 **영광**   28
그릇된 겸손함이라는 교만

제 2장 **두 증인**   35
첫째 증인 / 둘째 증인 / 긍휼의 심판

제 3장 **생명의 길**   59
지금 있는 자

제 4장 **진리와 생명**   69
사랑이 생명을 준다 / 능력과 사랑

제 5장 **심판의 문**	83
제 6장 **감옥**	89
파수병 / 학교 교사	
제 7장 **젊은 사도**	101
비전의 가치 / 묻힌 보배	
제 8장 **빛**	112
믿음과 복종	
제 9장 **자유**	121
경고 / 훈련의 필요성	
제10장 **군대**	137
십보라의 지혜 / 여호와의 군대 장관	

제11장 **도시** 153
   평화의 매는 줄 / 주님의 건축자들

제12장 **생명의 말씀** 167
   그의 사랑하는 신부 / 생명의 말씀

제13장 **만나** 184
   살아있는 서신 / 승리 또는 패배

제14장 **하나님의 부르심** 196

제15장 **영으로 드리는 예배** 201

제16장 **죄악** 208
   하나님께 정복당함 / 심는 것과 거두는 것 / 상한 마음

···서 문···

「하나님의 부르심」은 「빛과 어둠의 영적 전쟁(The Final Quest)」의 후속편입니다. 이 책은 전편의 마지막 부분에서 시작되지만 전편을 읽지 않고도 내용을 이해할 수 있도록 구성하였습니다. 그러나 '빛과 어둠의 영적 전쟁'을 읽지 않았다면 일부 내용이 끊겨 있다는 느낌을 받을 것입니다. 이 책은 지속적인 영적 전쟁에 관한 책이며 전편에 기초한 내용이 있기 때문입니다.

「빛과 어둠의 영적 전쟁」의 서문에서 이미 설명했듯이 이 두 책은 저자의 체험을 예언적인 측면에서 시리즈로 엮은 것입니다. 많은 분이 조언하기를, 이 책이 상상의 세계에서 일어나는 에피소드로 쓰였다면 더 많은 독자를 확보할 수 있었을 것이라고 합니다. 그러나 이 시리즈는 독자 확보를 목적으로 쓰인 것이 아니므로, 나는 주님께서 내게 맡기신 메시지가 충실히 전달되는 데에 목적을 두었습니다. 만약 이 책의 내용이 나의 창의력으로 된 것이라면, 그것은 정직하지 못한 것일 뿐 아니라 진리의 성령을 대적하는 일이 될 것입니다.

그럼에도 불구하고 「빛과 어둠의 영적 전쟁」은 각 교파와 다양한 기독교 운동을 초월하여 널리 읽히고 있으며 특히 보수 복음주의자들의 각별한 관심을 끌고 있습니다. 그래서 나는 독자들이 본문을 읽기 전에 먼저 「예언적 체험(prophetic experience)」에 대하여 내가 어떻게 경험하였는가를 중심으로 더 깊이 있고 상세하게 성경을 인용하여 설명하려고 합니다.

성경에 나오는 예언적 체험은 나의 체험을 토대로 활자화한 두 책에서 볼 수 있듯이 매우 다양합니다. 때로는 꿈으로, 환상으로 또는 성경적인 용어인 '비몽사몽 간에(입신, fell into a trance)'의 형태로 나타납니다. 하나님이 그의 백성에게 나타나실 때 사용하신 꿈, 환상, 입신의 전례는 성경 여러 곳에서 찾을 수 있습니다. 실제로 이러한 영적 체험을 한 기독교인들의 수는 날로 늘어나고 있으며, 이들은 오순절에 요엘 선지자의 말을 인용한 베드로의 예언이 성취된 것이라고 믿고 있습니다.

하나님이 말씀하시기를 말세에 내가 내 영을 모든 육체에 부어 주리니 너희의 자녀들은 예언할 것이요 너희의 젊은이들은 환상을 보고 너희의 늙은이들은 꿈을 꾸리라 그 때에 내가 내 영을 내 남종과 여종들에게 부어 주리니 그들이 예언할 것이요(행 2:17-18)

사도행전의 이 말씀에 의하면 마지막 시대에는 환상과 꿈, 예언을 통한 예언적 계시가 성행할 것이라 했습니다. 오늘날 기독교인들에게 폭발적으로 일어나고 있는 이러한 계시 현상들이 곧 우리가 지금 마지막 시대를 살고 있다는 징표임을 실감할 수 있습니다.

참과 거짓에 대한 분별

예수님께서는 마지막 시대의 '거짓 선지자들'에 대하여 경고하셨습니다(마 24:24). 이 사실은 예수님이 밀밭에 씨를 뿌리실 때 원수가 와서 그 밀밭 가운데에 가라지를 심고 가는 것과 같다고 하셨던 가르침을 그대로 입증하는 것입니다(마 13:24-30). 가라지는 모양과 맛이 밀과 흡사하나 독이 있어 인체에 해를 줍니다. 원수 마귀는 하나님이 하시는 모든 일을 즉시 모조해서 혼돈을 초래하며 하나님의 선택을 받은 자녀들을 미혹합니다. 그러나 이 모든 일도 하나님의 허락하에서만 이루어질 수 있습니다. 하나님께서는 우리가 참과 거짓을 명확히 구분할 수 있기를 원하시며 참된 것의 순도를 높이시기 위하여 참된 것이 거짓된 것에 의해 시험받는 것을 허락하십니다.

거짓 선지자가 만연하는 것에 우리는 놀랄 필요가 없습니다. 오히려 이 사실은 우리로 하여금 참 선지자를 구분할 수 있는 영 분별력의 필요성을 깨닫게 해 줍니다. 거짓 선지자에게 미혹당하지 않으려면 예언들을 피하려 하지 말고 무엇이 참된 것인지를 가려내도록 해야 합니다. 참 예언을 분별할 수 없는 기독교인들은 앞으로 더욱 거짓 예언들에 의하여 눈이 가려지게 될 것입니다. 예수님이 지금 무엇인가를 심고 계시는 이유는 그것이 우리에게 꼭 필요하기 때문입니다. 우리가 밭에 심지 않거나 심는 일을 게을리한다면, 곧 하나님의 일을 받지 않는다면 결국 잡초만 거두게 될 것입니다.

태초부터 하나님은 인간에게 참과 거짓, 즉 선과 악 사이의 선택권을 주셨습니다. 그래서 에덴동산에 생명나무와 함께 선악을 알게 하는 나무를 두셨던 것입니다. 선악과를 거기 두신 것은 인간으로 하여금 하나님에 대한 순종과 사랑을 보이게 하려던 것이지, 범죄케 하기 위한 것이 아니었습니다. 불순종을 할 수 있는 자유 의지가 인간에게 허락되지 않았다면 진실한 순종이란 있을 수 없기 때문입니다.

참된 교사와 참된 가르침이 항상 거짓 교사와 거짓 가르침에 의하여 가려져 왔던 것처럼 참 선지자의 참된 예언도 거짓된 자들에 의하여 왜곡되어 왔습니다. 하나님은 우리의 순전한 마음을 시험하시기 위하여 원수들로 하여금 밀밭 가운데 가라지를 심도록 허락하셨습니다. 진리를 사랑하는 자들은 무엇이 진리인지 분별할 것이고 마음이 순수한 사람은 순수한 것을 가려낼 것입니다.

마지막 시대에 거짓 선지자가 있을 것이라는 예수님의 경고는, 참 선지자와 거짓 선지자가 동시에 존재함을 의미하거나 아니면 모두가 거짓 선지자일 것임을 의미할 수도 있습니다. 실제로 마지막 시대에는 모두가 거짓 선지자들뿐일 것이라고 믿는 부류도 있긴 하지만, 이것은 마지막 때에 하나님께서 성령을 부어주실 것이며 환상과 꿈과 예언이 있을 것이라고 한 요엘 선지자의 예언(욜 2:28-29)과는 근본적으로 부합되지 않습니다.

꿈, 환상, 예언과 같은 예언적 계시(prophetic revelations)에 너무 치우치는 것도 물론 위험하지만 이러한 것들을 모르는 것은 더욱 위험합니다. 계시가 주어지는 것은 우리의 흥미를 유발하기 위한 것이 아니라 우리가 살고 있는 이 시대에 꼭 필요하기 때문입니다. 예수께서 말씀하셨습니다.

내가 진실로 진실로 너희에게 이르노니 문을 통하여 양의 우리에 들어가지 아니하고 다른 데로 넘어가는 자는 절도며 강도요 문으로 들어가는 이가 양의 목자라 문지기는 그를 위하여 문을 열고 양은 그의 음성을 듣나니 그가 자기 양의 이름을 각각 불러 인도하여 내느니라 자기 양을 다 내놓은 후에 앞서 가면 양들이 그의 음성을 아는 고로 따라오되 타인의 음성은 알지 못하는 고로 타인을 따르지 아니하고 도리어 도망하느니라(요 10:1-5)

하나님께 속한 양은 주인의 목소리를 분명히 구별할 줄 알기 때문에 낯선 목소리에 현혹되지 않습니다. 예언은 태초부터 하나님이 그의 백성과 대화하시던 방법의 하나였습니다. 하나님은 항상 변함이 없으시며 그의 백성에게 환상과 꿈과 예언을 주실 것이라고 성경은 분명하게 말씀하고 있습니다. 그러므로 하나님이 주시는 계시와 원수 마귀의 계시를 분별하여 하나님의 뜻을 바로 깨닫는 것은 매우 중요하며 그 메시지를 바로 이해한 후에는, 우리는 그것을 바르게 적용할 지혜를 가져야 합니다.

예언의 목적

예언은 성도를 격려하고 그들에게 덕을 세우기 위한 것입니다. 덕을 세움은 '건축한다, 지어진다' 라는 뜻입니다. 나의 삶과 사역은 주로 예언적인 말씀의 토대 위에 세워져 왔습니다. 우리 목회의 주요 사역은 거의 하나님의 예언적인 계시를 따라 행한 것들입니다. 하나님이 미리 말씀하시지 않고 말씀을 전하거나 사역하는 것은 생각조차 해 본 적이 없습니다. 예수님도 마찬가지였습니다. 그분은 인간적인 요구에 따라 움직이지 않으셨으며 오직 하나님께서 하시는 일에만 응하셨습니다. 우리에게는 하나님이 인도하시지 않는 장소로 가거나 그분이 원하시지 않는 일을 할 시간적 여유가 없습니다. 나는 우리가 무엇을 하기 전 하나님의 음성을 듣는데 헌신하는 것이야말로 우리에게 맡긴 시간과 자원으로 풍성한 열매를 맺을 수 있다고 생각합니다.

나는 예언적인 말씀의 토대 위에 교회와 목회를 성공적으로 세우신 분들을 많이 보아왔습니다. 반면에 예언에 대한 오판으로 인하여 파선하거나 잘못된 방향으로 나아간 분들도 많이 보아왔는데, 그 이유는 그분들이 하나님의 계시를 받았어도 해석을 잘못하였거나 잘못 적용하였기 때문입니다. 독자 중 일부는 너무 어렵다고 생각할 수도 있겠지만, 만약 예언적 계시를 철저한 성경적인 지혜로 풀어나가지 않는다면 이미 성경에서 밝히 보여 주었듯이 우리는 비싼 대가를 치러야 할 것입니다.

마태복음 22장 29절에서 예수님은, "너희가 성경도, 하나님의 능력도 알지 못하는 고로 오해하였도다"라고 말씀하셨습니다. 오늘날 많은 사람이 오류를 범하는 이유는 성경은 알지만 하나님의 능력을 모르기 때문입니다. 또 하나님의 능력은 알아도 성경 말씀을 모르는 자들도 많은 실수를 합니다. 그러므로 실수를 막으려면 성경 말씀과 하나님의 능력을 모두 알아야 합니다. 성경 말씀과 예언은 어느 한 쪽만으로 대치될 수 없기 때문입니다.

나는 꿈과 환상, 예언을 통하여 하나님과 대화하기 시작한 보수 복음주의 지도자들과 많은 시간을 보냈습니다. 하나님께서는 그들의 신학이 어떻든 간에 그런 방법을 통하여 메시지를 전달하신 것입니다. 이러한 하나님의 역사가 너무나 빈번하여서 나는 거의 모든 복음주의 지도자들이 이 방법으로 하나님과 접촉하고 있는 듯한 생각이 듭니다. Morning Star 誌에는 복음주의 지도자들에게 현재 일어나고 있는 일들을 그들 자신이 이해할 수 있도록 도움을 요청하는 문의가 쇄도하고 있습니다. 그들이 납득하기 힘든 사실은, 보수 복음주의자들이 예언의 은사를 받은 사람들의 도움을 필요로 하는 것처럼 예언하는 사람들은 반대로 보수 복음주의자들의 도움이 필요하다는 것입니다. 성숙한 교회가 되기 위해서는 말씀에 통달한 사람들과 하나님의 능력을 체험으로 아는 사람들이 연합하여야 하며 실제로 이러한 상황들이 빠른 속도로 진전되고 있습니다.

나는 내게 주신 하나님의 가르침들이 성경을 통하여 입증될 수 있음을 체험을 통해 확신하여 왔습니다. 이러한 가르침 중 어떤 것은 성경 말씀을 이전과는 전혀 다른 관점에서 해석하게 만들었습니다. 나는 주님께서 우리에게 예언적 계시를 주시는 목적이 바로 여기에 있다고 믿습니다. 예언은 교리를 정립하는 데 사용될 수 없습니다. 기독교의 교리는 오직 성경이며 이 교리는 완벽하여서 다른 내용이 추가될 수 없습니다. 그 대신, 성경에 예언의 예를 많이 기록하고 있는 것은 등장 인물들에게 주어진 예언적 체험을 통하여 성경을 명확히 설명하기 위해서입니다.

신약에서의 가장 확실한 사례는 베드로의 입신을 통한 하나님의 계시입니다(행 10장). 이 계시로 말미암아 베드로가 고넬료의 집을 방문하게 되었고, 이것을 계기로 이방인들에게 믿음의 문이 열린 것입니다. 이러한 예언적 체험은 예수님이 이방인들에게도 복음을 전파하기 원하신다는 것을 교회에 알려 주는 계기가 되었습니다. 이 입신 사건은 새로운 교리를 정립시킨 것이 아니라, 단지 성경에서 이미 언급하였고 예수님이 제자들에게 가르쳐 주셨음에도 불구하고 그들이 잊고 있던 사실을 깨우쳐 준 것뿐입니다.

　나의 두 권의 책 속에 나오는 예언적 체험들도 내게 같은 역할을 하였습니다. 이 예언적 체험들은 지금까지 내가 나름대로 가르쳐 왔고 또 다른 사람들에게 들어 왔던 가르침들, 그러나 실생활에는 극히 피상적으로 시행되어 왔던 것들을 끊임없이 상기시켜 주었습니다. 이처럼 예언적 체험은 나에게 지속적인 도전을 안겨 주었고, 나의 삶과 가르치는 일에 대해 스스로 비판하고 수정하도록 이끌어 주었습니다. 예언적 체험을 가진 사람으로서 나는 이 체험들을 개인적인 차원에서 수용할 뿐이지 모든 사람에게 적용해야 한다고는 생각지 않습니다. 그러나 그 체험 중 더러는 이 시대의 교회들에게 필요한 것도 있습니다.

　이 책은 전개 과정에서 핵심 부분이 여러 번 반복됩니다. 반복적인 서술이 계속될 뿐 아니라 같은 주제를 놓고 다각적인 관점에서 다루기도 하며, 같은 주제라도 각각의 상황에서 다양한 방법으로 표현하고 있습니다. 이것은 마치 예수님이 베드로에게 같은 말씀을 되풀이하셨듯이 나의 우둔함으로 인하여 같은 내용을 반복할 수밖에 없었던 것 같습니다. 반복적인 문체는 문학적인 가치가 없다는 것을 알지만 나는 이 책을 문학적인 측면에서 쓴 것이 아닙니다. 내용이 되풀이되면 그만큼 독자들이 기억하기 쉬울 것이므로 예수님이 내게 반복하신 것 모두를 그대로 이 책에 서술합니다.

예언적 체험

계시란 어떤 사람들에게는 신학적인 문제를 야기할 수 있습니다. 신약과 구약의 인물들 그리고 교회 역사에 큰 공헌을 하고 이미 타계한 분들을 내가 만나고 대화한 사실이 바로 물의를 일으킬 수 있는 부분 중의 하나입니다. 성경에서의 전례를 본다면 바로 예수님이 모세와 엘리야를 만나 대화하신 것을 들 수 있습니다(마 17:3). 엘리야는 살아 있는 그대로 들림을 받았지만 모세는 이 땅에서 생명을 다했습니다. 또 다른 예는 요한계시록 22장 9절에서 사도 요한이 천사를 경배하려고 엎드렸을 때 천사가 요한을 꾸짖으며, 그도 형제들과 다름없는 종이니 오직 주님만 경배하라고 한 일입니다. 이 사건은 요한이 주님과 함께한 성인 중의 하나라는 사실로 널리 이해되고 있습니다.

이러한 사례에도 불구하고 여전히 계시의 문제성을 제기하는 분들이 있을 것이므로 다른 각도에서 설명해 봅니다. 예언적 체험과 실제적 현황과는 많은 차이가 있습니다. 예를 들자면 에스

겔이 성령에 사로잡혀 예루살렘으로 갔을 때입니다(겔 8:3). 그 상황은 그에게는 매우 사실 같았지만 그가 실제로 예루살렘으로 거치지 않은 것은 분명합니다. 그가 체험한 많은 것이 실제의 일이 아니라 바벨론의 포로들에게 메시지를 전해주기 위한 것이었습니다.

마찬가지로 나의 체험들과 만났던 사람들이 사실로 여겨지긴 하지만, 내가 천국의 사람들과 대화한 것이 사실인지는 스스로가 의문입니다. 이런 것들이 바로 메시지 전달을 위한 예언적인 체험일 것입니다. 천국에서 내가 보았던 곳이 실제로 있었던 것인지 아니면 메시지 전달을 위하여 내게 그렇게 보였던 것인지는 알 수가 없습니다. 그러나 나는 될 수 있으면 그 장소와 사람들이 모두 실제라고 믿으려 합니다. 이에 대해 어떤 분들이 이의를 제기하겠지만 내게는 성경적으로 전혀 문제가 되지 않습니다. 아벨이 죽었음에도 그 믿음으로 계속 말하고 있는 것처럼(히 11:4), 성경에 등장하는 인물들의 삶 자체가 하나님의 메시지라는 사실은 나의 체험들을 통하여 전보다 더 명백하여졌습니다.

나의 체험들이 예언적 체험으로서 내가 실제 인물들과 이야기를 나눈 것이 아니라고 말할 수 있는 여부는 이 체험들이 얼마나 오래 기억에 남느냐 하는 것에 달려 있습니다. 예를 들면,

대부분의 사람은 실제와 같은 꿈을 꾸고 깨어나면 얼마 동안은 그 꿈을 현실로 착각할 수 있습니다. 그러나 아무리 꿈이 사실 같다고 해도 곧 기억이 희미해지며 한두 시간 후에는 잊어버리게 됩니다. 물론 실제로 있었던 일이라면 그렇게 금방 잊히지는 않을 것입니다. 내가 몇 년 전 실제로 예수님과 천사들을 처음 만났던 상황은 마치 그 일이 방금 일어난 일처럼 아직도 내 기억에 생생합니다. 이와는 달리 지금까지 환상이나 꿈을 통하여 만난 예수님과 천사들은 기억에 오래 남지 않았습니다. 두 권의 책 속에서 소개한 몇 가지 체험을 제외하고는 환상이나 꿈을 통한 예언적 에피소드는 실제 상황처럼 생생히 남기보다는 계시와 같이 기억에서 사라져 갔습니다.

그래서 나는 예언적 체험의 경우에는 그 즉시 글로 남기려고 노력합니다. 어떤 때는 기억이 전혀 나지 않을 수도 있습니다. 앉아 기록할만한 장소를 찾으면 이미 기억은 희미해지기 시작한 뒤였습니다. 성령께서 다시 모든 것을 기억할 수 있도록 도우시는 것을 느끼지만, 체험한 때와 글로 쓰기 시작하는 때와의 간격이 길어지면 길어질수록 예수님께로부터 받은 대로 정확히 전달하기가 어려웠습니다.

나의 이론이나 편견이 내 글 속에 개입되기 쉽다는 것을 알았기 때문에 그때마다 각별한 주의를 해 왔으나 몇몇 경우에는 내 생각이 들어갔을 수도 있다는 것을 시인합니다. 그렇기 때문에 글을 쓰는 나와 그 글을 읽는 독자들을 올바르게 인도하시도록 성령께 끊임없이 기도로 간구해 왔습니다. 성령은 우리를 진리와 예수께로 인도하시기 위하여 오셨습니다. 나는 독자 여러분이 진리를 분별함으로써 예수께로부터 오는 것은 굳게 잡고 그렇지 않은 것은 버릴 수 있게 되기를 기도합니다.

성경의 무오성(無誤性)

예수님이 내게 말씀하신 것을 정확히 기재하려고 노력하였지만, 이 기록은 성경과는 다르며 예언적 체험이 성경 말씀과 같은 무게를 가진다고는 믿지 않습니다. 그럼에도 예언은, "사랑을 추구하며 신령한 것들을 사모하되 특별히 예언을 하려고 하라"(고전 14:1) 하신 말씀을 경시해 왔던 교회나 사람들에게 매우 중요한 것이며 성경은 "그러나 예언하는 자는 사람에게 말하여 덕을 세우며 권면하며 위로하는 것이요 방언을 말하는 자는 자기의 덕을 세우고 예언하는 자는 교회의 덕을 세우나니"(고전 14:3-4). 예언은 교리를 가르치는 것이 결코 아닙니다. 교리는 성경을 통해서 배웁니다. 예언이 오류가 없다고 한다면 이는 크게 잘못된 것입니다. 그러나 예언은 덕을 세웁니다. 예언은 성령의 은사이기 때문에 예수님으로부터 오는 모든 것은 거룩하게 여겨야 하지만, 예언은 인간을 통하여 오는 것이므로 오류가 없을 것으로 기대하지 말아야 합니다.

성경은 처음 쓰인 그대로 오류가 전혀 없습니다. 성경은 변할 수 없는 진리이며 하나님의 순전한 계시이고, 또 성경은 영원불변함의 보증 아래 우리로 하여금 그 위에 우리의 삶을 살아가게 하시는 하나님의 방법입니다. 예언은 광야에서 하나님께 받은 만나와 같다고 봅니다. 만나는 하나님이 주신 것으로 광야에서의 하루하루를 지탱하도록 우리를 돕지만 하루 이상을 보관하면 곧 썩어 버립니다.

성경은 영원한 것이며 진리를 바탕으로 우리의 삶을 살아갈 수 있도록 주어졌습니다. 반면 예언은 우리에게 덕을 세우게 하고 격려하여 하루하루를 하나님의 뜻 안에 머물 수 있도록 주어진 것입니다. 관계는 의사소통에 좌우되며, 지속적인 대화가 없는 관계는 곧 죽은 관계와 다를 바가 없습니다. 예언은 하나님과의 관계를 날마다 새롭게 유지하도록 우리를 돕는 것이기 때문에, 성경 말씀에 "특별히" 예언의 은사를 구하도록 권면(고전 4:1)하고 있는 것이라고 믿습니다.

나는 여러 해 동안 예언의 은사를 구하였습니다. 예언의 은사를 사모했기 때문에 이것을 구하라고 하신 성경 말씀에 순종한 것입니다. 많은 사람이 나를 비난한다 해도 나는 예언적 체험을 사모합니다. 그래서 다른 어떤 은사보다도 지혜와 아울러 지혜의 말씀의 은사를 구하는 기도를 드립니다. 나의 기도 덕분인지, 예수님은 항상 지혜의 성령의 모습으로 나의 예언적 체험에 나타나십니다. 참으로 지혜로운 사람은 질책을 기꺼이 받아들인다고 생각합니다. 왜냐하면 "책망은 곧 생명의 길"(잠 6:23)이기 때문입니다. 나의 예언적 체험 하나하나는 내 삶 속의 고쳐져야 할 부분을 위해 필수적인 것이었습니다.

이 책에는 교회가 근본적으로 고쳐야 할 점들을 몇 가지 다루고 있습니다. 나는 내가 관여하고 있는 교회를 제외하고는 그리스도의 몸 된 교회를 괴롭히는 문제들은 보지 않으려고 합니다. 교회는 주님의 신부이기 때문에 그 교회의 문제를 고친다는 것에 조심하지 않을 수 없습니다. 바울 사도가 고린도교회 성도들에게 말했듯이 우리는 자신의 권위의 영역 안에 거해야 합니다.

다른 집 자녀의 잘못을 내가 고치려 드는 것은 옳지 않으나 친구로서 그 부모에게 이야기할 수는 있습니다. 마찬가지로 다른 사람이 보기에 내 자녀가 고칠 점이 있다면 그분이 내게 서슴없이 말하여 주기를 바랍니다. 나의 체험을 통해 예수님은 이 시대의 교회들이 근본적인 방향 수정을 하지 않는다면 파멸의 길로 갈 수밖에 없다고 말씀하셨습니다. 나 또한 같은 문제에

직면한 사람으로서, 우리가 무엇을 해야 하는지 누가 내게 묻는다면 내가 대답할 수 있는 것은 나도 이 문제를 해결하기 위하여 노력하는 중이라는 말뿐입니다. 더 많은 계시와, 더 잘 해석하고 정확하게 적용할 수 있는 지혜를 나는 끊임없이 구하고 있습니다.

예언적 체험의 당시에는 그 메시지가 매우 선명했으나 몇 시간이 지나자 곧 희미해졌다는 사실을 독자 여러분은 다시 한번 기억해 주시기 바랍니다. 이것이 바로 나의 예언적 체험을 기록으로 남길 때마다 종종 생기는 문제입니다. 최선을 다하여 충실하게 기록하려고 노력하였지만, 그렇다고 예수님이 내게 하신 말씀과 그 당시의 체험들을 일어났던 그대로 기록하였다고는 장담할 수 없습니다. 그러나 설사 그 중 몇 가지가 누락되었고 그대로의 어휘를 사용하지 않았다 해도, 중요한 것은 그 메시지가 예수님으로부터 온 참 메시지이며 마지막 때는 가까워 오고 있다는 것입니다.

릭 조이너

제1장

영광

나는 다음으로 들어갈 문을 바라보고 서 있었다. 그 문은 평범했으나 별로 내키지 않았다. 다시 심판의 큰 방으로 시선을 돌렸을 때 나는 그만 그 영광과 장엄함에 압도되고 말았다. 내 안에 있던 사악함이 계속 드러나고 있었지만, 나는 그 자리를 떠나고 싶지 않았다. 이 과정은 고통스러웠지만 자유를 주었기에 나는 이것이 중단되는 것을 원하지 않았다. 사실 나는 더 많은 실상을 위해 감수하기를 원했다.

"더 많은 것을 너는 깨닫게 될 것이다."

지혜는 내 생각을 꿰뚫어보며 말했다.

"네가 여기서 발견한 것은 늘 너와 함께 할 것이다. 그러나 너는 변화 받기 위해서 이곳에 올 필요는 없다. 자신을 변화시키는 것은 십자가의 능력으로 충분하다. 여기서 체험한 것들을 너는 매일 경험할 수 있다. 성령은 너로 하여금 죄를 깨닫게 하며, 너를 진리로 인도하고, 나를 증거하기 위하여 온 것임을 알라. 이 성령은 너와 계속 함께 하신다. 너는 성령에 대하여 더 잘 알아야 한다. 많은 사람이 성령을 믿지만 성령이 거하실 수 있도록 하는 자는 적다. 마지막의 때가 가까울수록 태초에 그랬듯이 성령이 이 지상에 운행할 것이다. 세상에 만연한 혼돈과 공허를 몰아내고 한가운데에 영광스러운 새 창조를 이룰 것이다. 너는 곧 성령이 끊임없이 기사(奇事)를 드러내는 시대가 될 것이며 너는 온 세상이 그 역사를 두려워하게 될 시대에 들어가게 될 것이다. 나는 나의 백성에게 이 모든 것을 행할 것이다. 성령이 역사할 때 하나님의 아들과 딸들은 예언할 것이며 노소를 막론하고 꿈을 꾸며 환상을 볼 것이다. 지금까지 내가 행한 역사, 그리고 앞으로 내 이름으로 행해질 더 큰 역사가 나를 이 땅에서 영광되게 할 것이다. 천지 만물은 곧 있을 성령의 역사로 신음하며 괴로워할 것이다. 네가 이 문을 들어가서 얻게 될 깨달음은 다가올 일들을 대비하는 데에 도움이 될 것이다. 나는 구세주이며 또한 심판자이다. 곧 나를 공의로운 심판자로서 세상에 알리고자 한다. 심판은 먼저 나의 권속들에게 임할 것이다. 이제 곧 나의 백성이 성령과 가까이 교제하는 것을 알게 되고 나면, 죄를 깨닫게 하는 성령의 능력을 경험할 것이다. 성령은 항상 이들을 진리로 인도할 것이며, 이 진리가 나의 백성을 해방할 것이다. 이것이 바로 나에 대해 증거하는 진리이다. 나의 백성이 스스로 있는 자인 나를 알게 되었을 때 내가 그들을 나의 증인으로 사용할 것이다. 나는 심판자이지만, 너희가 스스로를 심판할 수 있다면 내가 굳이 심판할 필요가 없다. 그러나 나의 심판은 내 백성의 회복을 위한 것이다. 먼저 나의 권속들을 심판할 것이다. 그 후 모든 세상을 심판할 것이다."

지혜로부터 나오는 영광이 내 주위의 모든 것을 무색하게 만들었다. 내 생전에, 아니 이곳에서도 그런 찬란함은 보지 못했다. 그 영광은 그가 마지막 심판에 대해 말할 때 더욱 찬란하였다. 지혜를 이전에 알고 있던 것보다 더 위대한 심판자로 깨닫는 자는 그 영광을 눈으로 볼 수 있게 된다는 것을 나는 알게 되었다. 나는 그의 임재 앞에 너무 작고 초라하게 느껴져서 그의 말씀에 집중하기 어려웠다. 내가 그의 영광에 완전히 압도되었다고 여겨질 즈음에, 그는 내게 손을 내밀어 부드럽고도 힘있게 나의 이마를 쓰다듬었다. 이때 내 마음이 다시 안정되고 맑아졌다.

"또 너 자신을 보기 시작하는구나. 너 자신을 바라보는 것은 항상 너를 혼란케 하여 내 말을 듣기 어렵게 만든다. 그러나 나의 손길이 닿을 때마다 네 마음은 맑아질 것이다. 내가 오는 것은 네게 손을 댐으로써 너로 하여금 나를 보고 듣게 하려 함이다. 나의 임재를 느낄 때마다 너는 이것을 알아야 한다. 너는 자신을 의식하거나 자신에게 몰두하지 말고 나의 임재 안에 거하는데 익숙해야 한다. 그렇지 않으면 내 안에 있는 진리로부터 떠나 너의 타락한 본성 안에 있는 거짓에 빠지게 될 것이다. 나의 영이 임하면 많은 사람이 넘어진다. 그러나 이제 그런 때는 지났다. 나의 영이 운행하여도 서 있을 수 있어야 한다. 나의 영이 운행할 때 서 있지 못하면 그가 너를 사용할 수 없게 된다. 이교도들이 내 앞에서 넘어지는 것은 당연하지만, 내 백성은 내가 그들을 사용할 수 있도록 굳게 서야 할 것이다."

그릇된 겸손함이라는 교만

예수님이 이 부분을 이야기할 때 나는 그의 음성이 노기를 띠고 있음을 느낄 수 있었다. 그것은 복음서에서 예수님이 그의 제자들에게 보이셨던 노기 같았다. 그 순간 깨닫게 된 것은, 예수님이 주로 노하셨던 때가 바로 제자들이 자신의 부족함이나 실수를 바라보기 시작할 때였다는 사실이다.

"예수님, 죄송합니다." 나는 변명했다.

"예수님의 임재가 너무나 저를 압도하여 어쩔 수가 없습니다. 이렇게 예수님과 가까이 있는데 어떻게 내가 초라해지지 않을 수 있겠습니까?"

"너는 미약하지만 그런 너 자신을 보지 말고 나의 임재 안에 거하기를 배워야 한다. 자기를 보게 되면 내 말을 듣지도, 나게 말하지도 못하게 된다. 너는 항상 부족할 수 밖에 없고 내가 너를 부른 목적에도 아무 쓸모가 없을 것이다. 그러나 내가 너를 사용하려는 것은 너의 능력 때문도 아니고 가치 때문도 아니다. 네 자신의 부족함을 보지 말고 나의 온전함을 바라보아라. 자신의 무가치함을 보지 말고 나의 의(righteousness)를 바라보아라. 네가 쓰임을 받는 것은 나로 말미암은 것이지 결코 네게서 난 것이 아니다. 네가 자신의 부족함을 바라보기 시작할 때 너는 나의 분노를 느꼈을 것이다. 이것은 모세가 자신의 부족함을 내게 하소연하기 시작했을 때 내가 그에게 느꼈던 바로 그 분노이다. 나를 바라보기보다 자신을 바라보는 것이 곧 내 백성 중에 내가 원하는 대로 사용할 수 있는 자가 극히 적은 주된 원인이다. 이 그릇된 겸손함은 실제로는 인간을 파멸케 하는 교만이다. 아담과 이브도 자신들이 부족하다고 생각하여 내가 창조한 본래의 모습 이상이 되기를 원했고, 또 그들이 원하는 모습으로 스스로를 만들 수 있다고 생각했다. 너는 결코 너 자신을 네가 원하는 모습으로 만들 수 없다. 그러나 나는 할 수 있다는 것을 너는 믿어야만 한다."

나는 이제껏 그릇된 겸손함이 에덴동산에서의 타락과 연관되었다고 여겨본 적은 없었지만, 이것이 바로 많은 사람으로 하여금 하나님께 쓰임을 받지 못하도록 하는 걸림돌인 것은 알고 있었고 이 점을 여러 차례 가르쳐 왔었다. 예수님 앞에서 나 자신의 그릇된 겸손함이 드러난 것을 보니 그것은 어느 누구에게서나 보던 것보다 더 악해 보였다. 이런 교만이 얼마나 역겨운 것인지를 알고 나서는 예수님의 노하심을 이해할 수 있게 되었다.

예수님 앞에서는 우리의 모든 것이 곧 드러난다. 그러나 이제까지 온갖 심판을 거치고 나서도, 내 안에는 나를 부르신 뜻대로 예수님을 알고 섬기기를 가로막는 가장 근본적인 결점이 여전히 남아 있었다. 이 사실이 너무 충격적이어서 나는 더 이상 나 자신 안에 거하기가 싫었다. 그리고는 예수님이 이렇게 함께 계실 동안 가능한 많이 그 영광을 보기 원해서 예수님을 향해 눈을 들었다. 그러자 곧 나의 어두웠던 마음이 환희로 바뀌기 시작했다. 무릎이 굽어질 것 같았지만 꿋꿋이 참아 내었다.

그리고 곧 깨어났다. 그 후 며칠 동안은 내 안에서 알 수 없는 힘이 솟구쳐 나와서 모든 것이 영화롭게만 보였다. 모든 것이 사랑스러웠다. 문고리 같은 것도 이해할 수 없을 만큼 멋지게 보였다. 오래된 집들이나 자동차들도 너무 아름다워서, 내게 그런 아름다움과 고귀함을 포착할 수 있는 예술적인 감각이 없다는 사실이 참으로 아쉬웠다. 나무들이나 동물들이나 무척 가까운 친구처럼 느껴졌다. 보이는 사람 하나하나가 모두 새롭고 의미 있게 보였고, 이 모두를 알아볼 수 있게 된 것이 너무나 감사했다. 어느 것 하나도 위대하게 보이지 않는 것이 없어서, 이 나이가 되도록 이렇게 많은 것을 놓치고 살았다는 사실이 믿어지지 않을 정도였다.

이렇듯 내 안에서 넘치는 놀라운 감동과 새로운 깨달음에도 불구하고, 나는 그것을 어떻게 해야 할지를 몰랐다. 이 감동과 깨달음을 사용할 줄 모른다면 그것은 이내 사라져 버릴 것임을 나는 알고 있었다. 그리고 실제로 며칠이 못되어 거의 기억할 수 없게 되었다. 이것은 마치 삶의 의미가 내게서 사라지는 것 같았고, 그래서 그것을 다시 회복하지 않으면 안 될 것을 알고 있었다. 나의 체험은 어떤 마약보다도 더 놀라운 것이어서 도저히 헤어날 수가 없었다. 이 모든 것이 하나님의 영광을 본 결과였으며 나는 더 보아야 했다. 나는 어떻게 해야 하나님의 임재 안에 거하면서 예수님의 생명이 나를 통해 다른 사람에게 흐르게 되는지를 알기 원했다. 나는 하나님께서 나를 사용하시도록 성령 안에 거해야만 했다. 이것이 하나님의 부르심이었다.

제2장

두 증인

 여러 날 동안 나는 몹시 우울해 있었다. 모든 것이 삭막해 보였다. 사람들 소리마저 나를 짜증스럽게 했고, 하려던 일이 좌절될 때마다 화가 치밀었다. 나는 사람들의 가장 나쁜 점만 보았고, 그들에 대해 떠오르는 못된 생각들을 억누르려 몸부림쳤다. 나는 마치 지옥에 떨어진 듯했고 갈수록 더 깊이 빠져 가는 것 같았다. 마침내 나는 예수님께 부르짖었고, 곧바로 지혜와 함께 그 문 앞에 서 있는 나 자신을 보게 되었다.

 "예수님, 용서하세요. 나는 예수님의 임재에서 지옥 같은 곳으로 빠졌었습니다."

 "온 세상은 아직도 악한 자의 세력 아래 있다."

그는 대답했다.

"그리고 너는 매일 지옥의 가장자리를 걷고 있다. 그 한가운데로 생명의 길이 나 있고 그 길 양편으로 깊은 도랑이 있으니 너는 좁은 생명의 길에서 결코 벗어나지 말아야 한다."

"내가 그 도랑에 빠져서 헤어나질 못했던 것이군요."

"아무도 스스로 그 도랑에서 벗어나 자신의 길을 찾을 수 없다. 스스로의 길을 따라가기 때문에 거기 빠지게 되고 그 길로는 결코 빠져나올 수 없다. 오직 나만이 헤어나올 수 있는 길이다. 도랑에 빠졌을 때는 스스로 뭔가를 해 보려고 시간 낭비하지 마라. 그럴수록 더 깊이 빠져 갈 뿐이다. 단지 도움을 구하라. 내가 너의 목자이니, 네가 나를 부르면 언제든지 너를 도울 것이다."

"예수님, 나는 뭔가를 해 보려 시간 낭비하고 싶지는 않습니다만, 내가 어떻게 해서 그렇게 깊이 또 그렇게 빨리 빠지게 되었는지는 꼭 알고 싶습니다. 무엇이 나로 하여금 생명의 길을 벗어나 그런 도랑으로 빠지게 한 것입니까? 당신은 지혜이시니, 당신께 묻는 것이 바로 지혜임을 압니다."

"깨달음을 구해야 할 때와 단지 도움을 구할 때를 아는 것이 지혜이다. 지금 네가 내게 구함이 곧 지혜이다. 네가 나의 임재 안에 거할 때만이 너는 깨달을 수 있다. 네가 낙담하면, 네 깨달음은 왜곡되고 너는 진리를 정확히 보지 못하게 될 뿐이다. 낙담은 이 세상을 너의 시각으로 볼 때 생기는 속임수이다. 진리는 이 세상을 아버지의 보좌 우편에 앉아있는 내 눈을 통해 볼 때만이 오는 것이다. 이사야 6장의 스랍 천사들처럼 나의 임재 안에 거하는 자들은, '그 영광이 온 땅에 충만하도다' 라고 외칠 것이다."

나는 초신자 시절, 이 구절을 읽고 나서 스랍 천사들이 속이고 있다고 여겼던 일을 기억한다. 온 땅이 전쟁, 질병, 아동 학대, 배신과 모든 악한 것들로 가득 차 있는데 어떻게, '그 영광이 온 땅에 충만하도다' 라고 할 수 있는지 납득이 가질 않았다. 그런데 예수님이 어느 날 내게 가르쳐 주셨다.

"그 천사들이 나의 영광이 온 땅에 충만하다고 외칠 수 있는 것은 그들이 나의 임재 안에 거하기 때문이다. 네가 나의 임재 안에 거하면 영광 밖에는 보이지 않게 된다."

"예수님, 예수께서 그것을 가르쳐 주신 것을 기억하지만 그렇게 살기가 어려웠습니다. 내 삶의 많은 부분을 어둠의 편에서 사물을 보며 살아왔습니다. 지금 생각하니 많은 시간을 생명의 길을 걷기보다 그 길가의 도랑 속에서 지내 왔던 시간이 많았던 것 같습니다."

"네 말이 맞다." 예수님은 대답하셨다.

"너는 때때로 일어나서 몇 걸음 걸어보려 했지만 이내 건너편 도랑 속으로 미끄러져 버리곤 했다. 그렇다 해도 진보가 없었던 것은 아니다. 그러나 이제는 생명의 길 위에만 있어야 할 때다. 더 이상 그 도랑 안에서 시간을 낭비할 수는 없다."

예수님의 인자하심과 오래 참으심은 갈수록 나를 압도하였다.

"이번에는 무엇이 너를 도랑으로 빠지게 했느냐?"

예수님은 물으셨다.

이에 대해 생각해보니, 나는 내가 체험했던 것의 근원을 알려고 하기보다 그 체험 자체를 놓치지 않으려 하다가 지쳐 버렸다는 것을 깨닫게 되었다.

"예수님에게서 내 시선을 뗐습니다." 나는 고백했다.

"너무 간단해 보이겠지만 그것이 네가 행한 전부이다. 생명의 길을 벗어나려면 내게서 눈을 떼기만 하면 된다. 네가 내 안에 거하면 너는 영광만을 보게 된다. 이 말은 세상에 있는 싸움, 혼란, 어둠, 거짓 같은 것들을 보지 않게 된다는 것이 아니라, 네가 보되 그것들에 대한 나의 뜻을 항상 함께 보게 될 것이라는 말이다. 내 안에 거할 때, 너는 진리가 거짓을 이기는 것을 항상 볼 것이며 내 나라가 어떻게 임할지를 보게 될 것이다."

"예수님, 여기 있을 때에는 모든 것이 땅에서 체험했던 것보다 더 생생하지만, 땅에 있을 때는 여기서의 모든 것이 비현실적인 꿈같이 여겨집니다. 나는 이곳이야말로 참 현실이고 땅은 잠시 지나는 것임을 압니다. 또한, 내가 땅에서 이곳이 더 현실적으로 여길 수 있게 될 때에는 더욱더 예수님의 지혜 안에 거하며 생명의 길에 머무르게 될 것이라는 것도 압니다. 구함이 곧 지혜라고 주님은 말씀하셨으니, 여기 이 하나님의 나라가 땅에서 더 생생한 현실이 되게 해 주시기를 구합니다. 그렇게 되면 내가 더 온전히 예수님의 길을 걸어갈 수 있게 될 것입니다. 또한, 내가 이 참 현실을 다른 사람들에게도 전할 수 있도록 도와주시기를 구합니다. 땅은 갈수록 더욱 어두워져 가고 꿈을 가진 자는 극히 적습니다. 우리에게 더 많은 주님의 능력을 주시고, 더 많은 하나님의 영광을 보게 하시며, 하나님의 임재로부터 나오는 참 심판을 알게 해 주시기를 구합니다."

"네가 네 마음의 눈으로 보는 대로 살아가기 시작할 때 나와 동행하게 될 것이며 나의 영광을 볼 것이다. 네 마음의 눈은 영의 세계를 볼 수 있는 창이다. 네 마음의 눈을 통해 너는 언제든지 내 은혜의 보좌 앞으로 나아올 수 있다. 네가 내게 나아올 때 나의 존재가 더욱 선명해질 것이고 내가 더 많은 능력으로 네게 맡길 것이다."

그 말씀을 하실 때 나는 심판대 앞에 서 있던 왕들과 왕자들, 친구들과 주의 사자의 무리를 돌아보지 않을 수 없었다. 그곳에서 일어난 일들이 너무나 경이롭고 영화로워서 나는 거기 영원히 있어도 만족했을 것이었다. 더구나 그곳이 천국의 시작일 뿐이라고 생각하니 넋을 잃을 지경이었다. 그러나 그 모든 놀라움 중에도 천국의 참 놀라움은 주님의 임재였다. 그분은 여기 천국이 시작하는 곳에서 지혜이면서 또한 심판자였다.

나는 물었다.

"이곳에서 예수님은 지혜요 심판자이십니다만 천국의 다른 곳에서는 예수님을 누구로 알고 있습니까?"

"천국의 어디서나 나는 지혜요 심판자이면서 또한 그보다 한층 더 크다. 네가 내게 구했으니 이제 네게 나를 알게 하리라. 그렇더라도 너는 지혜와 심판자로서의 나를 단지 알기 시작한 것뿐이다. 때가 되면 너는 내게 대하여 더 알게 되겠지만, 먼저 나의 심판에 대해 더 알아야 한다."

첫째 증인

"하나님의 심판은 하늘 왕국에 들어서는 첫 관문입니다."

전에 들어보지 못한 음성이 말했다.

"심판 날이 오면 모든 사람이 오실 왕을 알게 되고 그의 심판을 깨닫게 될 것입니다. 그리고 나서 땅이 해방될 것입니다. 당신은 그의 심판이 삶에 임하기를 구했으나 이젠 그 심판이 세상에 임하도록 구해야 할 때입니다."

나는 말한 사람을 향해 돌아섰다. 그의 모습은 크고 광채가 났으나 심판대에서 만났던 이들보다는 조금 덜했다. 그가 천사일 것이라고 생각하고 있을 때 그가 말했다.

"나는 롯입니다. 당신도 나처럼 어려운 시대에 살도록 택함을 받았습니다. 아브라함이 땅 위에 살면서 소돔을 위하여 중보했던 것처럼 당신도 같은 일을 해야 합니다. 땅 위에 큰 타락이 임하는 시대에는 큰 믿음의 사람들도 나타나게 될 것입니다. 아브라함처럼 당신은 믿음을 가지고 악인들을 위해 중보해야 하고, 또한 하나님의 심판이 땅 위에 임하는 것을 증거해야 합니다. 하나님은 갈수록 더해 가는 인류의 죄악을 더 이상 참지 않으십니다. 나는 침묵했기 때문에 수많은 사람이 멸망당했습니다. 당신은 나 같지 말아야 합니다. 절대 침묵하지 말아야 합니다."

"더 말해 주세요. 내가 그들에게 어떻게 경고해야 합니까?" 내가 물었다.

"나는 단지 내가 저들과 같지 않다는 것만으로 그들에게 경고가 되리라고 생각했습니다. 그러나 다르기만 해서는 경고가 될 수 없지요. 말씀으로 선포되어야 성령께서 죄를 깨닫도록 능력으로 역사하십니다. 하나님께서 소돔에 행하신 일은 하나의 본보기로서 다른 사람들이 그렇게 멸망하지 않도록 하시려 했던 것입니다. 당신은 멸망을 향해 가는 자들에게 나의 경우를 실례로 들어 경고할 수 있습니다. 현재 하나님이 더 이상 거하실 수 없는 타락한 도시들이 수없이 많습니다. 예수님을 아는 자들이 일어나 외치지 않는다면 이제 곧 소돔같이 되어버릴 곳이 많을 것입니다. 심판 날은 다가오고 있습니다. 그때에는 모든 피조물이 하나님의 심판의 지혜를 알게 되겠지만, 당신은 그날을 기다리고 있지 말아야 합니다. 당신은 매일 그의 심판을 구해야 하고, 이 땅으로 하여금 그 심판을 알게 해야 합니다. 하나님의 백성이 그의 심판에 합당하게 행하는 한 이 땅의 많은 사람이 큰 심판 날이 이르기 전에 그 심판을 알게 될 것이고, 그렇게 되면 수많은 사람이 구원을 얻게 될 것입니다. 하나님은 그 누구도 잃어버리기를 원치 않으시고, 그 백성 중 누구도 그날에 버림받는 고통을 당하지 않기를 원하십니다. 땅에 있는 자들은 소경들입니다. 당신이 단지 증인이 되려 하는 것으로는 그들의 눈을 뜨게 하지 못할 것입니다. 심판의 메시지는 말씀으로 선포되어야 합니다. 성령은 말씀에 기름 부으시지만, 그 말씀이 주님을 위해 선포될 때에야 기름이 부어지는 것입니다. 하나님의 의와 공의는 그 보좌의 기초를 이룹니다. 주의 백성은 그의 의에 대해서는 어느 정도 알고 있지만, 그의 공의에 대해서는 아는 자가 극히 적습니다. 주의 보좌는 주의 전(殿)에 있으므로 심판은 주의 전, 곧 그 권속들로부터 시작되어야 합니다. 당신은 여기서 배운 진리를 따라 살며 그것을 가르쳐야 합니다. 주의 심판은 다가오고 있습니다. 주의 백성이 심판 날이 이르기까지 주의 심판에 합당하게 행하면 그날은 그들에게 영광의 날이 될 것입니다. 그들이 진리에 따라 살지 않는다면 그들 역시 곧 세상이 겪을 고통을 함께 겪게 될 것입니다. 주의 심판이 그 백성을 포함한 모든 사람에 대하여 꼭 같은 것이 아니라면 진정한 심판이라 할 수 없습니다. 그래서 당신과 다른 이들을 통해서, 하나님은 그의 백성이 심판받지 않도록 스스로를 심판할 것을 간곡히 부탁하실 것입니다. 그리고 나면 당신은 세상을 향해 간곡히 이를 외쳐야 합니다."

롯은 내 앞에 있는 문을 가리켰다. 그 문은 심판이라는 말에서 느낄 수 있듯 여전히 어둡고 내키지 않는 그런 모습이었다. 나를 둘러싸고 있던 주님의 영광으로 인해 그 문은 더욱 음침해 보였다. 그래도 나는 그의 심판이 실제로 얼마나 영광스러운 것인지 이제는 알게 되었다. 주께서 나를 지나게 하신 거의 모든 문이 처음에는 음침해 보였지만 영광으로 변화되었다는 것도 나는 이제 알게 되었다. 문이 음침할수록 그 안쪽은 더욱 영광스러울 것 같았다. 주님의 문을 통과하는 데에는 믿음을 요하지만, 통과하고 나면 반드시 더 큰 영광에 이르게 된다.

롯은 내가 생각하고 있는 바를 따라 계속 말했다. 이미 알게 된 일이지만 이곳에선 누구의 생각도 서로 다 알게 된다.

"저 문을 지나서 당신은 더 많은 하나님의 영광을 체험할 것입니다. 그 영광은 그분 주위의 광채, 여기서 볼 수 있는 빛, 그리고 하나님 안에 거할 때 느낄 수 있는 것을 훨씬 능가합니다. 하나님의 영광은 그의 심판을 통해서도 드러납니다. 그 영광은 여러 가지 길을 통해 드러나지만, 하나님이 당신을 이곳으로 부르셔서 깨닫게 하시려는 바로 이 길을 통해서입니다. 당신은 그 문을 지난 후 그의 영광을 볼 수 있는 또 다른 길을 배우게 될 것입니다. 하나님의 영광을 바라봄으로써 그의 백성이 변화되는 것입니다. 하나님은 그 영광을 백성에게 곧 보여 주시길 원하십니다. 그들이 그 영광을 볼 때 하나님이 하시는 모든 일을 기뻐할 것이고 그의 심판까지도 기뻐할 것입니다."

둘째 증인

그때 둘째 음성이 들렸다.

"그렇습니다. 하나님의 심판은 곧 땅 위에 드러날 것입니다. 그렇다고 할지라도, '긍휼은 심판을 이깁니다'(약 2:13). 하나님은 언제나 심판에 앞서 긍휼을 베푸십니다. 당신이 사람들에게 하나님의 심판이 임박했음을 경고한다면 그의 긍휼이 더 많은 사람을 구원하실 것입니다."

나는 말하는 이가 누군지 알 수 없었지만, 장대하고 고귀한 모습이었고 높은 신분을 나타내는 광채를 발하고 있었다.

"나는 요나입니다." 그가 말했다.

"주의 심판을 깨달을 때 그의 길을 알게 됩니다. 그러나 깨달을지라도 당신이 깨달은 것들에 대해 동의하는 것을 뜻하지 않습니다. 깨달음은 필수적이지만 그것으로는 충분치 않지요. 주님은 당신이 그와 함께 동의하기를 원하십니다. 당신은 하나님의 임재가 당신과 함께하기를 종종 구했었지요. 그것이 바로 지혜입니다. 나는 선지자였고 하나님을 알았지만, 그의 임재로부터 벗어나려 했었습니다. 참 어리석은 짓이긴 했지만, 당신이 생각하듯 그렇게 어리석은 것은 아니었습니다. 나는 하나님의 임재 속에서 큰불을 느낄 수 있었고, 하나님을 가까이함에 따르는 책임을 느끼게 되었습니다. 그의 임재 안에서는 나무나 마른 풀이나 그루터기들은 모두 불타 버립니다. 오랜 세월 동안 많은 사람이 터득했듯이, 당신 속의 죄를 숨긴 채로 하나님을 가까이하는 것은 당신을 병들게 합니다. 나는 하나님의 뜻에서 벗어나려던 것이 아니라, 주의 임재로부터 벗어나려 했던 것입니다.

하나님의 임재가 현실이 되기를 구하는 것은 곧 이곳에서의 생생한 일들이 늘 당신에게 있기를 구하는 것입니다. 천국은 진정한 당신의 집이요, 이를 사모하는 것은 당연합니다. 그렇다 해도 그분은 거룩하신 하나님이시니, 당신이 그와 가까이 동행하려면 당신도 거룩해야만 합니다. 그를 가까이할수록 숨겨진 죄는 당신을 더 못 견디게 할 것입니다."

"나도 압니다." 나는 대답했다.

"내 삶 속에 하나님의 심판이 임하기를 구하는 것이 바로 그 때문입니다."

"당신에게 꼭 부탁할 것이 있습니다." 요나가 이어 말했다.

"당신은 하나님을 구하려 합니까? 참으로 그에게로 나오려 하십니까?"

"물론입니다." 나는 대답했다.

"나는 무엇보다 그의 임재를 갈망합니다. 하나님의 임재 안에 거함보다 더 귀한 일은 없습니다. 이기적인 동기를 가지고 하나님과 함께하기를 원할 때가 많다는 것을 나도 압니다. 그러나 주와 함께 함으로써 그러한 이기심에서 벗어날 수 있습니다. 나는 하나님과 함께하기를 참으로 원하며 그에게 나오려 합니다."

"그래요?" 요나가 이어 말했다.

"지금까지 당신은 나보다 한층 더 어리석었지요. 당신은 어느 때든 무슨 필요에 의해서든 그의 은혜의 보좌 앞에 담대히 나아올 수 있으나, 당신은 좀처럼 나아오지 않았지요. 그의 임재를 사모하는 것으로는 부족합니다. 하나님께로 나아와야 합니다. 당신이 하나님을 가까이하면 그가 당신을 가까이하실 것입니다. 왜 그렇게 하지 않는 것이지요? 당신이 갈망하는 만큼 하나님께 가까워질 수 있습니다. 많은 사람이 하나님의 길을 깨닫고 따르지만 그에게로 나아오지를 않지요. 이 때문에 그들은 곧 다가올 시대에는 하나님의 길에서 벗어나게 될 것입니다. 당신은 나의 대단히 어리석었던 짓을 비웃어 왔지만, 사실 당신은 그보다 한결 더 어리석었습니다. 그래도 난 당신의 어리석음을 비웃지 않고 당신을 위해 눈물을 흘립니다. 당신의 구원자인 예수님도 당신을 위해 눈물을 흘리며 끊임없이 간구하십니다. 예수님이 우시면 온 하늘이 다 웁니다. 나는 주의 백성이 얼마나 어리석은지 알기 때문에 우는 것입니다. 당신이 꼭 나 같기 때문에 내가 당신을 아는 것입니다. 그래서 교회가 바로 나처럼, 그의 영광의 보좌 앞에 앉기보다 세상과 거래하려 다시스로 내려간 것이지요. 그러나 하나님의 심판의 검(劍)은 이 땅에 임박해 있습니다. 나는 당신을 너무 잘 알기 때문에 교회를 위해 우는 것입니다."

"난 죄인입니다!" 나는 고백했다. "난 어찌해야 합니까?"

"큰 폭풍이 이 땅에 엄습할 것입니다." 요나가 이어서 말했다.
"나는 하나님에게서 도망하면서 탔던 배 위에 폭풍이 덮쳤을 때 잠을 자고 있었지요. 교회도 역시 지금 잠에 빠져 있습니다. 나는 하나님의 선지자였음에도 당시에는 하나님을 모르는 이교도들이 나를 깨워야 했습니다. 지금의 교회도 마찬가지입니다. 이교도들이 지금의 교회보다 더 잘 분별하고 있습니다. 그들은 교회가 잘못된 길을 가고 있는 것을 알고 있습니다. 그래서 교회를 뒤흔들어 깨워 당신들로 하여금 하나님께로 찾아가게 하려 하고 있습니다. 내가 겪었듯이, 이제 곧 세상의 지도자들이 당신을 갑판 밖으로 던져 버릴 것입니다. 그들은 당신이 가고 있는 길을 그대로 가도록 내버려두지 않을 것입니다. 이것이 당신에게는 하나님의 은혜인 줄 아세요. 그리고 나면 하나님은 바다에서 올라오는 큰 짐승을 통해 당신을 연단하실 것입니다. 그 짐승은 당신을 잠시 삼켰다가 토해낼 것입니다. 그리고 그떠에 당신은 하나님의 메시지를 선포하게 될 것입니다."

"다른 길은 없습니까?" 나는 물었다.

"길은 있지요." 요나가 답했다.

"어떤 이들은 이미 짐승의 뱃속에 있고, 어떤 이들은 바다에 던져지려 하고 있고, 어떤 이들은 아직도 잠에 빠져 있지요. 그러나 대부분은 세상과 거래하려 잘못된 길로 가는 배에 타고 있습니다. 그러나 하나님이 심판하실 필요 없이 당신이 스스로를 판단할 수 있습니다. 당신 스스로를 깨워 회개하고 돌이켜서 그가 보내시는 길로 간다면 짐승에게 삼켜질 필요가 없습니다."

"당신이 말하는 그 짐승은 요한계시록 13장의 짐승입니까?" 내가 물었다.

"바로 그 짐승입니다. 성경에서 보듯이 그 짐승은 성도들과 싸워 이기게 되어 있습니다. 이 일은 회개치 않는 모든 자에게 임할 것입니다. 그러나 알아야 할 것은, 첫째 짐승에 정복된 자들은 다음 짐승이 땅에서 올라오기 전에 토해질 것이란 사실이지요. 그렇더라도 회개하는 편이 당신에게는 훨씬 쉬울 것입니다. 짐승에게 삼켜지지 않는 것이 훨씬 낫습니다. 롯의 이야기가 자신을 타락에 내어 준 자들에 대한 경고이듯, 나의 이야기는 하나님의 선지자인 교회에 대한 경고입니다. 교회는 하나님의 임재로부터 달아나고 있습니다. 교회들이 하나님의 임재를 구하지 않고 행사를 위해 달려가고 있습니다. 당신의 행사들이 '사역'이라 할지라도, 실제로 그것들이 하나님의 임재로부터 멀어지게 하고 있습니다. 내가 말했듯이 교회는 지금 세상과 거래하고 바다의 보물을 구하러 다시스로 도망하고 있고, 더 큰 보물인 하늘의 보물을 구하는 자는 찾아보기가 힘듭니다. 내가 큰 물고기 뱃속에서 머리가 해초에 얽매어 있었듯이, 교회는 세상과 거래하기 원하는 죄에 얽매어 버렸습니다. 해초는 곧 세상에 대한 관심들인데, 이것들이 교회의 생각을 얽어 맨 것이지요. 나는 너무 심하게 얽매어 있었기 때문에 주님께로 돌아서는데 사흘이 걸렸습니다. 지금의 기독교인들은 더 오래 걸립니다. 그들의 생각이 세상에 너무 얽매어 있고 너무 깊이 빠져 있어서, 많은 사람이 헤어날 소망마저 가지지 못합니다. 당신은 하나님에게서 멀어지려 하지 말고 그에게로 돌아와야 합니다. 하나님은 어떤 매임도 풀어 주시며, 깊고 깊은 구덩이에서도 건져 올리십니다. 더 이상 도망하지 말고 하나님을 향해 달려가세요!"

그때 롯이 덧붙여 말했다.

"하나님께서 니느웨에 베푸신 자비를 기억하세요. 그가 자비를 베푸신 것은 요나가 말씀을 전했기 때문입니다. 요나는 니느웨 사람들과 함께 살지도 않았고 증인이 되려 하지도 않았지만, 그는 단지 하나님의 말씀을 선포했고 그 말씀을 통해 능력이 나타난 것입니다. 하나님의 말씀은 어떠한 어둠도 꿰뚫지 못함이 없습니다. 하나님께서 보내시는 곳에 가서 그분의 경고를 선포한다면 많은 사람이 회개하고 구원을 얻게 될 것입니다."

요나가 말을 이었다.

"은혜가 마르고 죄에 얽매이면 하나님께로 나오기가 어렵게 됩니다. 그럴 때마다 당신은 그에게서 멀어지지 말고 하나님께로 달려가기를 배워야 합니다. 저 문을 들어서면, 당신은 창세 이래 보지 못했던 능력과 영광이 이 땅에 부어지는 때를 맞이하게 될 것입니다. 온 하늘은 당신이 곧 보게 될 일을 이제껏 고대해 왔습니다. 그때는 또한 대 암흑기가 될 것입니다. 당신은 하나님의 은혜 없이는 그 영광도, 그 암흑도 감당해 낼 수 없습니다. 매일매일 하나님께로 나아오지 않고는 그와 동행할 수 없습니다. 당신은 하나님의 임재를 구해야 할 뿐 아니라, 끊임없이 그의 임재 안에 거해야 합니다. 일주일에 한 번 교회에 와서 예배를 통해 하나님을 구하고는, 나머지 날들은 세상을 구하는 식으로 주를 따르려 하는 자는 곧 실족할 것입니다. 자기 하인을 부리듯 하나님의 이름을 부르는 자도 곧 실족할 것입니다. 하나님은 모든 자의 주님이시고, 모든 사람이 곧 이를 알게 될 것입니다! 먼저 하나님의 백성이 이 사실을 알아야 합니다. 그래서 주의 자녀로부터 심판이 시작될 것입니다. 당신이 뭔가를 원해서 하나님을 부르는 것은 거짓 믿음입니다. 당신이 원하는 것이 아니라 하나님이 원하시는 것을 구하려 그를 불러야 합니다. 어느 정도 믿음을 가졌다는 많은 사람에게서 이런 거짓 믿음을 보지만, 믿음과 거짓 믿음은 분간하기가 매우 어렵습니다. 하나님의 심판이 그의 자녀에게 임할 때 그의 백성은 이 두 가지의 차이를 알게 될 것입니다. 하나님의 일을 그분 없이 혼자 하려는 자들은 실족할 것입니다. 믿음은 있으면서 하나님을 멀리 하는 자들이 많습니다. 이들이 하나님의 이름으로 큰일을 행하더라도 그분은 그들을 알지 못하십니다. 하나님을 멀리 하는 자들은 곧 그들이 어리석었음을 통탄하게 될 것입니다. 하나님이 그분의 집을 위해 계신 것이 아니고, 집이 하나님을 위해 존재하는 것입니다. 하나님은 그의 인내하심으로 그 자신의 집 밖에서 문 두드리시며 부르시며 기다리시지만, 그에게 문을 열어주는 자들은 매우 적습니다. 하나님의 음성을 듣고 문을 여는 자는 그분의 상에서 그와 함께 먹을 것입니다. 그들은 또한 그의 보좌에 함께 앉을 것이며, 하나님의 눈으로 세상을 보게 될 것입니다. 주제넘은 판단으로는 그의 상에도, 보좌에도 함께 앉지 못합니다. 이러한 판단이 인간을 처음 타락하게 했던 교만이며, 이제 곧 땅에서 거두게 될 모든 어둠과 악도 그 잘못된 판단으로 인해 초래된 것입니다. 사탄이 하나님의 영광을 보았을 때 바로 주제넘은 판단의 길로 돌아선 것입니다. 사탄은 하나님의 임재 안에 거했으면서도 그분께 등을 돌렸습니다. 이것이 바로 하나님의 영광을 보는 자, 그분의 임재를 아는 자들에게 가장 큰 위험이 됩니다. 당신이 본 것으로 인해 결코 주제넘게 판단하지 마세요. 환상을 본다고 교만하지 마세요. 그러면 반드시 타락으로 빠지고 맙니다."

긍휼의 심판

요나의 말은 한 마디 한 마디가 나를 몽둥이질하듯 했다. 내게 있는 죄가 나를 섬뜩하게 했다. 내가 요나를 어떻게 생각해 왔는지가 수치스러웠을 뿐 아니라, 나도 행했던 꼭 같은 짓을 두고 요나를 비웃었던 것이 한층 더 부끄러웠다. 필사적으로 서 있으려 했지만, 무릎이 더 이상 견디지 못하고 땅에 엎어졌다. 요나의 말이 나를 채찍질하는 듯했어도 그 고통을 기꺼이 받았다. 나는 그것이 내가 꼭 들어야 할 말들인 것을 알았기 때문에, 내 모든 악한 것들이 남김없이 드러날 때까지는 내게 대한 요나의 질책이 끝나지 않기를 바랐다. 죄를 드러내는 말씀의 능력이 크다는 것을 알았지만, 그때는 그것이 한층 더 강했다. 그 말씀의 힘 앞에서는 감히 어떠한 변명도 할 수가 없었다. 그 말씀은 모든 장애물을 뚫고 내 마음에 와서 꽂혔다. 나는 누워 있으면서 마치 수술을 받고 있는 듯이 느꼈다.

그때 롯이 끼어들었다. "많은 신자가 하나님의 임재 안에서 넘어지는 것을 하찮고 무의미한 것으로 만들어 버렸지만, 교회는 당신을 넘어지게 했던 그 힘, 곧 죄를 깨닫게 하는 힘에 의해 지금 넘어지려 하고 있습니다. 당신이 더 이상 버티지 못하고 넘어지면, 그 넘어짐으로 말미암아 이제는 진리를 위해 일어서게 되는 것입니다."

나는 아직 움직이고 싶지 않았다. 요나가 말한 바가 무슨 의미인지를 확실히 깨닫기 전에는 아무것도 하고 싶지 않았다. 나는 죄를 깨닫게 되므로 말미암은 모든 일이 다 마칠 때까지 그 깨달음이 사라지지 않기를 원했다. 그들은 나를 이해하는 듯 잠시 침묵한 후에, 롯이 말했다.

"요나는 말씀을 전하는 은사로는 이제까지 누구보다도 강한 기름 부음을 받았습니다. 기사와 표적은 없었어도, 그가 말씀을 선포했을 때 사상 유례없이 악했던 도시가 회개한 것입니다. 만일 소돔에서 요나가 외쳤다면 그 성은 오늘까지 남아 있었을 것입니다. 요나의 말씀 선포의 능력 그 자체가 표적입니다. 이 능력은 그가 깨닫고 나서 물고기 뱃속에서 토해졌을 때 가지게 된 것이지요. 이 능력이 마지막 때에 교회에 부어 주실 말씀 선포의 능력입니다. 이 능력이 바로 주님께서 교회에 부어 주시려 기다리시는, 죄를 깨닫게 하는 능력입니다. 교회가 그를 삼킨 짐승에게서 토해지면, 지극히 악한 자도 교회의 말을 듣게 될 것입니다. 이것이 교회에 주실 요나의 표적입니다. 깊은 곳에서의 소생을 체험한 자가 선포하는 말이 곧 능력입니다."

난 여전히 어리둥절한 상태였다. 그래도 난 이제는 하나님을 멀리하지 않고 그분께 달려갈 각오를 하고 있던 터이어서, 돌아서서 지혜를 똑바로 바라보았다.

"예수님, 나 역시 다가올 일들로 인해 실족할 수 있습니다. 나는 이 모든 일에 꼭 같은 죄인입니다. 그렇게 하나님의 영광을 많이 보았으면서도, 나는 여전히 하나님께 가까이 못 가게 하는 덫에 걸리기도 하고 옆길로 빠지기도 합니다. 나를 도와주세요. 나는 당신의 지혜가 절실히 필요합니다. 당신의 자비 또한 필요합니다. 우리가 받아 마땅한 심판을 내리시기 전에, 자비를 베푸셔서 우리를 도와주세요. 십자가의 자비를 간구합니다."

지혜가 대답했다.

"네가 자비를 구했으니 자비를 입을 것이다. 네게 시간을 주겠다. 이 시간은 네게 대한 나의 자비이다. 곧 시간이 다할 것이니 이 시간을 지혜롭게 사용하여라. 조금 있으면 내가 더 이상 지체하지 않을 것이다. 내가 심판을 늦추는 하루하루가 자비이다. 이 사실을 잊지 말고 시간을 지혜롭게 써라. 언제나 나는 심판을 행하기 보다 자비를 베풀고자 하지만, 이제는 마지막이 가까웠다. 어둠이 더욱 기승을 부리고 큰 환난의 때가 네게 곧 임할 것이다. 내가 주는 시간을 활용하지 않으면 다가올 재난이 너를 덮칠 것이요, 지혜롭게 사용하면 너는 정복하고 승리할 것이다. 모든 세대의 정복자들이 가지는 공통점은 시간을 낭비하지 않았다는 것이다. 나의 자비로 네게 훈계한다. 너는 내 백성에게, 내가 자비를 베풀어 더 이상 그들이 나의 자비를 함부로 판단하도록 허락하지 않을 것임을 경고하라. 나의 자비로 그들을 처리할 것이다. 마음을 강퍅케 하지 말고 회개하여 내게 돌아오도록 그들을 깨우쳐라. 너도 실족할 수 있다는 것은 옳은 말이다. 네가 너를 부인하고 매일 네 십자가를 지지 않으면 네 사랑은 식고 너는 나를 부인하게 될 것이다. 목숨을 구원코자 하는 자는 잃을 것이요, 나를 위해 목숨을 잃는 자는 참 생명을 얻게 될 것이다. 내가 나의 백성에게 주고자 하는 것은 그들이 구한 것보다 더 풍성한 생명이요, 비록 주제넘은 판단으로 구했더라도 줄 것이다. 내 권속들을 심판한 후에는 온 땅 위에 내 심판을 내릴 것이다. 나의 의로운 심판을 따라 내 백성과 나를 알지 못하는 자들을 구별할 것이다. 지금 온 세상은 악한 자의 세력 아래 있다. 그는 지금 불의를 상주고 의를 대적하고 있다. 심판 날에는 내가 의를 상주고 교만한 자를 대적하는 것을 온 세상이 알게 될 것이다. 의와 공의는 나의 보좌의 기초를 이룬다. 진리를 알면서도 그에 따라 살지 않는 자들을 더 가혹하게 연단하는 것은 나의 공의 때문이다. 너를 이곳에 오게 한 것은 나의 심판을 보게 하려 함이다. 이곳에서 너는 깨달음을 얻었지만, 네가 그것에 합당하게 행하지 않는다면 그것이 네게 더 큰 심판이 될 것이다. 나는 많이 받은 자로부터 많이 요구할 것이다. 이곳에서 너는 나의 심판의 자비를 알았지만, 네가 계속 죄에 얽매인다면 나의 심판의 준엄함을 보게 될 것이다. 많은 내 백성이 여전히 죄를 가까이한다. 죄와 안락함과 부귀를 나보다 더 사랑하는 자는 나의 준엄함을 곧 보게 될 것이다. 이런 자들은 오는 시대에는 결코 서지 못할 것이다. 나는 교만한 자를 엄히 다스리고 겸손한 자에게 자비를 베풀 것이다. 내 백성의 마음이 빗나가게 된 것은 역경이 아니라 번성함 때문이었다. 그들이 번성할 때에도 나를 구한다면 내가 내 나라의 참 풍요로 더 많이 채워 줄 것이다. 나는 네가 모든 착한 행실로 가득하고 너에게서 관용이 넘쳐 나기를 원한다. 내 백성이 장차 임할 그 환난의 시대에도 세상의 재물로 풍요로울 것이나, 그 재물은 내게서 난 것이지 이 악한 시대의 지배자에게서 난 것이 아니니라. 내가 세상 재물을 너에게 맡기지 못한다면 장차 임할 시대에 어찌 너를 권능으로 신뢰할 수 있겠느냐? 너는 풍성할 때에도 궁핍할 때만큼 열심히 나를 구해야 한다. 내가 네게 맡긴 모든 것은 네 것이 아니라 내 것이다. 나는 더 많이 순종하는 자들에게 더 많은 것을 맡길 것이다. 사탄도 풍성함을 준다는 것을 알지어다. 사탄은 나를 시험했던 그대로 내 백성을 끊임없이 유혹하고 있다. 사탄은 그에게 절하고 경배하며, 그의 길을 따르고 섬기는 자들에게 이 세상 나라들을 줄 것이다. 세상에 속한 풍성함과 나의 나라에 속한 풍성함이 있다. 다가올 심판을 통해 나의 백성이 그 차이를 알게 될 것이다. 이 악한 시대의 지배자를 섬기며 이 시대의 길을 따르며 풍성케 된 자들의 재물은, 홍수가 닥칠 때 그들의 목에 매어 달릴 연자 맷돌이 될 것이다. 모든 사람이 곧 진리를 따라 심판을 받게 될 것이다. 나로 말미암아 풍성케 되는 자는 자신의 충성함을 위해 진리를 양보하지 않는다. 나의 심판은 하나님의 집에서부터 시작되는데, 이는 너로 하여금 순종 안에서 행하도록 네게 규율을 가르치기 위해서이다. 죄의 삯은 사망이요, 의의 삯은 평강과 기쁨과 영광과 존귀이다. 모든 사람이 그들의 마땅한 삯을 받을 것이다. 이것이 심판이다. 그리고 그 심판이 하나님의 집에서부터 시작되는 것이 공의이다."

그때 롯과 요나가 함께 말했다.

"보라, 하나님의 인자와 위엄을! 당신이 그를 더 알고자 하면 그의 인자와 위엄을 더 알게 될 것입니다."

확신이 폭포수같이 내게 밀려오고 있었으나 그것은 생수의 폭포였다. 그것은 정결함과 새로움이었으나 어렵고 힘든 일이었다. 예수님께서 책망하신 것이, 내가 그 문을 들어서서 당하게 될 일들로부터 나를 보호하시기 위한 뜻이었다는 것을 알게 되었다. 나는 그 문을 들어서기 전에 받을 수 있는 모든 책망을 받기를 간절히 원했다. 나는 예수님의 책망이 내게 필요함을 알았다. 그것은 옳은 일이었다.

제3장
생명의 길

 내가 롯과 요나가 말한 것을 곰곰이 생각하고 있을 때 주님이 말씀하셨다.
 "너는 이곳의 실상을 네가 땅에 있을 때에도 알 수 있게 되기를 구했다. 네가 구한 실상이란 곧 '내가 보는 대로 보는' 그것이다. 현실이란 여기 이곳을 두고 말함이 아니라, 어느 곳이든 내가 함께 있는 그 자체가 실상이다. 내가 임재하는 모든 곳이 참 실재이고, 내가 생명이므로 나의 임재가 모든 것을 생명이 넘치게 보이도록 하는 것이다. 내 아버지께서 나를 땅과 하늘에 있는 모든 피조물의 생명이 되게 하셨다. 모든 만물은 나로 말미암고 나를 위하여 존재하고, 나를 떠나서는 생명도 없고 진리도 없다. 나는 만물 안에 있는 생명이다. 내 원수들일지라도 나는 그들 안에 있는 생명이다. 나는 스스로 있는 자이다. 모든 존재하는 것들은 나로 말미암아 있는 것이다. 나는 알파와 오메가이며 처음과 나중이다. 나를 떠나서는 진리도 없고 실상도 없다. 네가 구하고 있는 것은 단지 이곳의 실상만이 아니라 나의 임재의 실상이다. 너는 나에 대한 참 지식을 구하고 있다. 그 지식은 생명을 주는 지식이다. 너는 이것을 땅에서도 여기에서와 꼭 같이 체험할 수 있다. 그러나 너는 단지 나를 찾아보려고만 할 것이 아니라 나를 바라보아야 한다. 나는 하나님의 능력이다. 그의 영광을 드러내는 계시이다. 나는 생명이며 사랑이고, 또한 인격이다. 나는 내 백성을 사랑하며 그들과 함께 하기를 원한다. 내 아버지께서는 나를 사랑하시고 너도 사랑하신다. 그는 너를 너무 사랑하셔서 너를 구원하시려 나를 내어주셨다. 우리는 너와 가까이 하기를 원한다. 우리는 인간을 사랑하여 우리의 영원한 거처가 너와 함께 할 것이다. 지혜란 곧 나를 알고, 아버지를 알고, 우리의 사랑을 아는 것이다. 내가 땅 위에 드러낼 빛과 영광과 능력은 나의 사랑을 깨닫게 된 자들을 통해 부어질 것이다. 내 아버지는 모든 권세를 내게 맡기셨다. 내가 하늘을 명하면 하늘이 내게 순종하지만, 나는 사랑을 명할 수는 없다. 명에 따른 사랑은 결코 사랑이 아니다. 내가 민족들로부터 순종을 요구할 때가 올 것이다. 그러나 그때는 네 사랑을 나타내기에는 이미 늦은 때가 될 것이다. 순종의 요구 없이도 내게 나아오는 자가 바로 나를 사랑하고 진리를 사랑하기 때문에 순종하는 것이다. 이들이야말로 곧 내 왕국에서 나와 함께 통치하기에 합당한 자들이고, 그들은 박해와 배척에도 불구하고 나를 사랑하고 섬기는 자들이다. 너는 내게 나아오기를 원해야 한다. 우리의 거처가 되는 자들은 명령에 의해서나 혹은 단지 나의 능력을 알기 때문에 내게 오는 것이 아니라, 나를 사랑하고 아버지를 사랑하기 때문에 나아 오는 것이다. 진리를 향해 나오는 자들은 우리를 사랑하고 우리와 함께 하기를 원하는 까닭에 나오는 것이다. 이 시대가 참 사랑의 시대임은 어둠을 보고 알 수 있다. 참사랑은 어둠이 가장 심할 때 가장 밝게 빛난다. 네 눈이 지금 보는 것처럼 나를 보지 못하더라도, 나를 마음의 눈으로 보고 순종할 때 네가 나를 더 사랑하는 것이다. 사랑과 경배는 이 땅에 다가오고 있는 큰 어둠 속에서 가장 위대하게 될 것이다. 그때에 모든 만물은 나를 향한 너희의 사랑이 참된 것임을 알 것이고, 왜 우리가 사람들 안에 거하기 원하는지를 알 것이다. 나를 대적하는 모든 세상 세력들과 맞서 싸우며 내게 나아오는 자들은 하나님을 진정으로 사랑하기 때문에 오는 것이다. 모든 것이 실상 같지 않고 나의 존재가 막연한 꿈같이 여겨질 때라도, 저들은 나와 함께 하기를 너무 갈망하는 나머지, 그 꿈이 실상이 되는 소망을 지키기 위하여 어떤 위험도 두려워하지 않는다. 그것이 사랑이다. 그것이 진리의 사랑이다. 그것이 내 아버지를 기쁘시게 하는 믿음이다. 모든 사람이 내 권세와 영광을 볼 때 무릎을 꿇겠지만, 믿음의 눈으로 단지 어렴풋하게만 나를 보며 무릎을 꿇는 자들이야말로 신령과 진정으로 나를 사랑하는 순종의 사람들이다. 이들에게 내가 장차 올 시대의 권세와 영광을 맡길 것이며, 그 권세와 영광은 어떤 어둠보다도 강하다. 땅이 더욱 어두워질수록 내가 더 많은 영광을 보여줄 것이다. 이 영광은 앞으로 다가올 일을 위하여 네게 필요한 것이다. 그러나 내 영광을 보지 않고도 나를 섬기는 자들이야말로 내가 내 권세를 맡기는 신실하고 순종하는 자들임을 너는 기억해야 한다. 하나님을 경외하는 순종은 지혜의 시작이지만, 하나님을 사랑함으로 인한 순종은 지혜의 충만함이다. 그럴때 너는 내 권세와 영광을 보게 될 것이다. 너는 네 신실함 때문에 이곳에 온 것이 아니다. 너로 하여금 나의 심판에 대하여 기도하게 한 그 겸손함마저도 내가 준 선물이다. 너는 나의 메신저(messenger)라서 여기 온 것이다. 내가 이 목적으로 너를 불렀기 때문에, 네게 나의 심판에 대해 알기를 구하는 지혜를 준 것이다. 네가 여기서 깨달은 바에 대해 신실하면 그것이 곧 지혜이다. 그러나 가장 큰 지혜는 네가 매일 내게로 나아오는 것이다. 네가 내게 오면 올수록, 나는 네게 더욱 실재가 될 것이다. 이곳에서 내가 네게 실상인 만큼 땅에서도 실재가 될 수 있고, 네가 나의 임재의 실재를 알면 진리 안에서 행하게 된다."

지금 있는 자

"지금 너는 나를 심판의 주로 알고 있지만, 너는 또한 나를 안식일의 주로 보아야 한다. 나는 그 두 가지에 다 해당된다. 너는 나를 천군의 주로 알고 나의 군사들을 보아야 하며, 너는 또한 나를 평강의 왕으로 보아야 한다. 나는 유대 민족의 사자(Lion of Judah)이고, 나는 또한 어린 양이다. 나의 지혜를 아는 것은 또한 나의 때를 아는 것이다. 내가 어린 양으로 오기 원할 때 나를 사자라고 선포한다면 네가 지혜 안에서 행한다고 말할 수 없을 것이다. 너는 만군의 주(主)인 나를 따라 어떻게 싸울지를 알아야 하며, 너는 안식일의 주인 나와 함께 앉을 때를 알아야 한다. 이렇게 하기 위해서는 나의 때를 알아야 하고, 나의 때를 알기 위해서는 나와 가까이 해야 한다. 내 이름을 부르기만 하고 나를 찾지 않는 자들에게 임할 심판은, 그들이 갈수록 더 나의 때를 벗어나게 된다는 것이다. 그들은 잘못된 장소에서, 잘못된 일들을 하며, 잘못된 말씀을 전하기까지 할 것이다. 그들은 심어야 할 때에 거두려 할 것이며 거둬야 할 때에 심으려 할 것이다. 이 때문에 그들은 아무 열매도 맺지 못할 것이다. 내 이름은 '전에 있던'이 아니고, '앞으로 있을'도 아닌 '지금 있는' 자이다. 진실로 나를 알기 위해서는 지금의 나를 알아야 한다. 네가 매일 내게로 오지 않는 한 지금의 나를 알 길이 없다. 네가 내 안에 거하지 않는 한 지금의 나를 알 수 없다. 이곳에서 너는 나의 심판을 맛보았다. 너는 이제 다른 길을 통해 나를 보게 될 것이다. 너는 영원 안에 들어와 살기 전에는 지금의 나를 충분히 알 수 없다. 이곳에서는 나의 여러 다른 모습이 완전하게 하나로 맞추어지지만, 네가 시간 안에 있을 때에는 그런 모습들을 보기 어렵다. 이 심판대는 나의 한 부분의 모습만을 이 세상에 보일 것이다. 그 부분은 네가 전할 메시지의 중요한 부분이 될 것이나 결코 메시지의 전부가 되지는 않을 것이다. 어떤 도시에는 내가 심판을 내리겠지만 다른 도시에는 자비를 베풀기도 할 것이다. 어떤 나라에는 기근을 주겠지만 다른 나라에는 풍요함을 줄 것이다. 내가 하는 일을 알기 위해서는 너는 외모로 판단해서는 안 된다. 나의 임재의 실상으로부터 판단해야 한다. 지금 다가오고 있는 시대에서는, 내게 대한 너의 사랑이 견고하지 않으면 그 사랑은 식어질 것이다. 지금의 나는 곧 생명이다. 내게 가까이 있지 않으면, 너는 네 안에 있는 생명을 잃을 것이다. 지금의 나는 빛이다. 내게 가까이 있지 않으면 네 마음은 어두워질 것이다. 이 모든 것들은 네가 생각으로 알아 왔고 네가 가르쳐 왔다. 이제는 이것들을 생각이 아닌 마음으로 알아야 하고, 삶으로 행해야 한다. 생명의 샘은 마음에서 나오는 것이지 생각에서 나오는 것이 아니다. 내 지혜는 네 생각에만 있는 것도 아니고 네 마음에만 있는 것도 아니다. 나의 지혜는 생각과 마음의 완전한 하나가 됨이다. 사람이 나의 형상으로 지음 받았기 때문에, 그의 생각과 마음은 나를 떠나서는 결코 일치할 수가 없다. 네 생각과 마음이 일치할 때 내가 내 권세를 네게 줄 수 있게 된다. 그때 너는 네가 행할 일을 구할 것이요, 네가 나와 하나이므로 내가 그 일을 행할 것이다. 네가 부름 받은 시대가 어려운 때이므로, 네 지정된 심판의 때보다 앞서 내 심판의 보좌를 볼 수 있도록 네게 허락한 것이다. 이제 네 기도가 응답되었다. 네가 깨닫지 못했던 것은, 네가 그 기도의 응답을 기다리고 있던 동안 나는 내가 네 삶 속에 일어나도록 한 모든 일을 통해 매일 네게 응답하고 있었다는 사실이다. 나의 길과 나의 심판은 이곳에서 배우는 것보다 삶의 경험을 통해 배우는 것이 낫다. 이런 체험을 네게 주는 이유는, 네가 메신저이고 시간이 얼마 남지 않았기 때문이다. 너는 이곳에서 배운 것들을 이미 알고 있었으나 네가 아는 것을 따라 살지 않았다. 나의 자비로 이 체험을 네게 주는 것이니, 너는 이를 따라 살아가려 힘써야 한다. 나는 나의 심판이 이 땅에 임할 때 내 백성이 멸망 받지 않게 하기 위해, 그들이 의로운 판단을 따라 살도록 많은 메신저들을 통해 가르치게 할 것이다. 이제 시간이 촉박하니 너는 내가 보내는 메신저들의 말을 듣고 지체없이 순종해야 한다. 듣고도 순종치 않으면 더 엄중한 심판을 초래할 뿐이다. 이것은 의로운 심판이다. 나는 많이 받은 자로부터 많이 요구할 것이다. 이 시대는 지식이 늘어나는 때이다. 나의 길을 아는 내 백성의 지식 역시 늘어난다. 너의 세대는 그 어떤 세대보다도 많은 깨달음을 얻었지만, 그 깨달음을 따라 사는 자는 거의 없다. 나를 믿는다 하면서도 나를 순종하지 않는 자들을 내가 더 이상 용납하지 않을 때가 왔다. 미지근한 자들은 내 백성 가운데서 제하여질 것이다. 나를 순종하지 않는 자들은 진심으로 나를 믿는 자들이 아니다. 그들은 내게 불순종해도 괜찮다는 것을 자기들의 삶을 통해 내 백성에게 가르치고 있다. 솔로몬이 기록했듯이, '악한 일에 관한 징벌이 속히 실행되지 아니하므로 인생들이 악을 행하는데에 마음이 담대하도다' (전 8:11). 많은 내 백성이 이로 인해 사랑이 식어져 가고 있다. 나는 내 백성이 그 마음을 전부 악에게 내어주기 전에 나의 심판을 더 속히 임하도록 은혜를 베풀 것이다. 그들은 죄의 삯이 사망이라는 것을 곧 알게 될 것이다. 그들이 여전히 죄를 가까이 하고 있는 한, 더 이상 그들의 고통으로부터 건져달라고 나를 부를 수 없다. 나는 네게 스스로를 심판할 시간을 조금 더 주어서 너를 심판하지 않아도 되도록 하겠다. 그러나 시간은 얼마 남지 아니하였다. 나는 네가 여기 왔기 때문에 네게 더 많이 요구할 것이다. 또 나는 네가 아는 진리를 따라 살도록 네게 더 많은 은혜를 나누어 주겠지만, 너는 그 은혜를 받기 위해 매일 내 은혜의 보좌 앞으로 나와야 한다. 다시 네게 말하건대, 매일 은혜의 보좌로 나아오지 않고는 누구도 진리 안에 설 수 없는 때가 이미 임하였다. 내가 네게 말하는 까닭은, 너 및 너와 함께 한 자들을 단지 살게만 하려는 것이 아니라 굳게 서서 이겨내게 하려는 것이다. 내 백성이 다가오고 있는 어둠의 시대에 굴하지 않고 이겨낼 때, 빛이 어둠보다 위대하다는 것을 모든 만물이 알게 될 것이다. 생명과 사망은 이미 땅에 심겨졌고 이제 거두어지려 하고 있다. 나는 네게 생명을 주려고 왔다. 사탄은 사망을 주러 온다. 도래하는 시대에는 생명과 사망 모두가 충만하게 나타날 것이다. 나는 그래서 내게 순종하는 자들에게 이제껏 땅에서 보지 못했던 충만한 생명을 줄 것이다. 내 백성과 악한 자를 섬기는 자들과는 구별될 것이다. 살기 위해서 생명을 택하여라. 내게 순종함으로 생명을 택하여라. 네가 나를 택하고 네 안에 있는 빛이 나의 참 빛이면, 그 빛은 날마다 더욱 밝아질 것이다. 이로써 너는 나의 빛 가운데 행하고 있음을 알게 될 것이다. 좋은 땅에 뿌려진 씨는 언제나 자라서 번성한다. 너는 네 열매로써 알게 될 것이다."

제4장

진리와 생명

　주께서 말씀하시는 동안 그의 영광은 더해 가는 것 같았다. 그 영광이 너무도 위대하여 내가 그 안에 다 소멸될 듯이 여겨졌다. 그의 영광은 타고 있었지만 불 같지는 않았다. 그것은 안에서 밖으로 타고 있었다. 나는 주님의 영광에 의해서든, 그 문을 들어서서 대하게 될 악에 의해서든 소멸될 것임을 알게 되었다. 그의 말씀은 나를 찌르고 사로잡았지만, 그의 영광을 보는 것이 한층 더 중요한 것임을 알았기 때문에, 나는 할 수 있는 한 그 영광을 보고 있기만 하리라고 다짐했다.
　그는 태양보다 더 빛나 보였다. 그 눈부심으로 인해 그의 모습 전부를 볼 수는 없었지만, 계속 바라보자니 그 광채에 눈이 어느 정도 익숙해졌다. 그의 눈은 불 같았는데도 벌겋지 않았고, 불 속의 가장 뜨거운 부분처럼 파란빛이었다. 그 눈은 강렬하였으며 끝없는 경이로움이 나를 잡아끌었다.

그의 머리는 검고 번쩍이는 것이 별 같았는데 알고 보니 머리의 기름으로 인해 번쩍이는 것이었다. 나는 그것이 하나됨의 기름이라는 것을 알았고 그것을 전에 환상으로 본 적이 있었다. 이 기름은 보석과 같은 광채를 발했지만 세상 어떤 보화보다도 아름답고 고귀했다. 내가 그의 얼굴을 보았을 때 그 기름이 내게 덮여 오는 것을 느꼈다. 그리고 그럴수록 그의 영광의 불로 인한 고통이 더 견딜 만해졌다. 그 기름은 평화와 안식을 주는 듯 했다. 그 기름은 그의 얼굴을 바라볼 때에만 내게 임했고, 그의 얼굴에서 시선을 돌리자 곧 멈췄다.

나는 그의 발을 보지 않으면 안 될 것 같았다. 그 발도 역시 불길 같았고 구리나 금빛의 화염이었다. 아름다웠지만, 금방이라도 아주 무서운 걸음을 내디딜 듯이 보였다. 그 발을 보았을 때 내 속에 지진이 일어나는 느낌이었고, 그가 걸음을 옮기면 모든 것이 다 흔들리게 될 것을 알았다. 나는 잠시 간신히 버티다가 이내 엎드러지고 말았다.

눈을 들어보니 문이 보였다. 그 문은 이전만큼 눈에 끌리지 않았음에도, 통과하지 않으려는 맘이 들기도 전에 그 문을 필사적으로 들어서려는 마음을 느꼈다. 나는 그 문을 들어가도록 부름 받은 것이고, 그래서 들어가지 않는 것은 불순종이었다. 주의 임재 안에서는, 불순종하려는 생각만도 세상 삶으로 돌아가려는 생각보다도 더 배신적인 비열한 이기심으로 여겨졌다.

문을 바라보고 있을 때 내가 알지 못하는 또 다른 음성이 말하기 시작했다. 나는 말하는 사람을 돌아보았다. 그는 내가 본 자 중 가장 매력적인 자태를 가졌고, 왕 같은 모습에 건장했다.

"나는 아벨입니다." 그가 말했다.

"주께서 그의 백성에게 주시고자 하는 권세는 참 하나됨의 기름 부음이지요. 이 땅에 두 형제만이 살던 때에 우리는 서로 화목하지 못했습니다. 내 시대로부터 당신의 시대에 이르기까지 인간은 더욱더 어두운 길로 행하여 왔었습니다. 유례없이 극심한 살인이 이 땅을 덮을 것입니다. 역사상의 세계 대전들도 다가올 일에 대한 산고(產苦)였을 뿐입니다. 그러나 이것을 기억하세요. 사랑은 죽음보다 강하다는 것. 아버지께서 그를 섬기는 자들에게 주실 사랑은 사망을 정복할 것입니다."

"당신이 내게 전하도록 받으신 모든 것을 남김없이 말해 주십시오." 그가 할 얘기가 많다는 것을 알아채고 내가 말했다.

"내 피는 아직도 말하고 있습니다. 모든 순교자가 흘린 피가 아직도 말하고 있지요. 당신이 땅의 생명을 신뢰함보다 하나님의 생명을 더 신뢰하면 당신이 전하는 말은 죽지 않고 살아있을 것입니다. 죽음을 두려워 마세요. 그러면 죽음을 이겨낼 것입니다. 죽음을 두려워하지 않는 자들은, 사망이 땅에 임할 다가오는 시대에 가장 위대한 메시지를 전하게 될 것입니다."

나는 내가 살았던 시대에 땅에 임했던 모든 전쟁과 기근과 재해들을 생각하고, 그에게 물었다. "얼마나 더 많이 죽게 되는 것입니까?"

아벨은 대답은 않은 채, 대답이 될 수도 있는 말을 이었다. "당신을 위한 피의 희생은 이미 지불됐습니다. 십자가의 능력을 믿으세요. 그것은 생명보다 위대합니다. 당신이 십자가를 의지하면 죽지 않습니다. 땅의 세력이 당신의 육신의 생명을 취할 수 있는 권세를 잠시 가지고 있지만, 당신이 십자가를 붙드는 한 그들이 결코 당신의 생명을 취해가지 못합니다. 땅 위에 사는 주의 백성이 대 연합을 이룰 때가 올 것입니다. 바로 주의 심판이 땅에 임할 때이기도 하지요. 하나됨 안에 있는 자들은 심판을 극복할 뿐 아니라, 그로 인해 번성할 것입니다. 주께서는 이렇게 그 백성을 사용하여 세상을 경고하실 것이고, 경고하신 후에는 그의 백성을 표적으로 사용하실 것입니다. 그의 백성의 하나됨은 어둠 가운데 나타날 불화와 분쟁 속에서 온 세상이 보게 될 표적이 될 것입니다. 그의 제자들의 두려워하지 않는 사랑을 보고 알게 될 것이며 사랑에는 두려움이 없습니다. 참된 사랑만이 참 연합을 이루게 합니다. 사랑하는 자들은 절대로 쓰러지지 않습니다. 참사랑은 식어지지 아니하고 더욱 자라갑니다."

사랑이 생명을 준다

아벨과 거의 닮은 또 다른 사람이 그의 곁에 와 섰다.

"나는 아담입니다." 그가 말했다.

"나는 땅의 모든 권세를 받았지만, 내가 악에 순종함으로 그것을 사탄에게 내어 주었습니다. 사탄은 지금 나와 당신이 있을 자리에서 다스리고 있는 것입니다. 땅은 본래 사람에게 주어졌는데 사탄이 빼앗은 것입니다. 그러나 내가 잃은 권세는 십자가에 의해 회복되었지요. 예수 그리스도는 '마지막 아담'이요, 그가 곧 그의 권세로 다스릴 것입니다. 그가 인간에게 땅을 주셨기 때문에 그가 인간을 다스릴 것입니다. 당신의 시대에 사는 자들은 주께서 다스리실 땅을 준비하게 될 것입니다."

"더 말해 주십시오."

나는 아담을 만나게 되어 조금은 놀랐지만, 그가 말할 모든 것을 듣기 원해서 그렇게 부탁했다.

"어떻게 그를 위해 준비해야 합니까?"

"사랑입니다." 그가 말했다.

"당신들은 서로 사랑해야 합니다. 당신들은 땅을 사랑하고 생명을 사랑해야 합니다. 내 죄로 인해 사망이 온 것이고, 그 사망이 땅 위에 강물처럼 흐르고 있습니다. 당신의 사랑은 생명의 강물을 흐르게 할 것입니다. 악이 지배하면 사망이 생명보다 강성하여 사망이 생명을 이깁니다. 의가 지배하면 생명이 사망보다 강하여져 생명이 이깁니다. 이제 곧 하나님의 아들의 생명이 나의 불순종으로 인하여 임했던 사망을 삼켜버릴 것입니다. 당신이 사랑해야 하는 것은 단지 삶이 아니라 생명입니다. 사망은 당신의 적입니다. 당신은 생명의 메신저로 부름 받았습니다. 주의 백성이 사랑하게 되면, 주님은 그 백성을 그의 심판을 행하는 데에 사용하실 것입니다. 그의 심판을 기다림은 마땅한 일이지요. 온 세상은 그의 심판을 기다리며 신음하며 고통받고 있습니다. 그리고 심판이 올 때에 세상이 의(義)를 배우게 될 것입니다. 그는 그의 백성을 통해 그가 하시려는 일을 하실 것이며, 그의 백성은 마지막 때에 엘리야같이 일어서게 될 것입니다. 그들의 말이 하늘을 닫기도 하고 비를 내리게도 할 것입니다. 그들이 예언하는 대로 지진과 기근이 일어날 것이고, 그들은 기근과 지진을 그치게도 할 것입니다. 그들이 하늘의 군대를 동원하면 군사들이 땅 위에 행군할 것이고, 군대를 거두면 땅은 평화로울 것입니다. 그들은 주께서 자비를 베푸실 곳과 진노를 보이실 곳을 결정할 것입니다. 그들이 그런 권세를 가지는 것은 그들이 사랑하는 자들이요, 사랑하는 자들은 주와 하나이기 때문입니다. 저 문을 지나 당신이 보게 될 것은, 주께서 그의 백성을 통해 하시려는 일을 위해 당신을 준비시키기 위함입니다. 나는 권세를 잘 압니다. 또한 권세에 따른 책임도 익히 알고 있습니다. 내가 받았던 큰 권세 때문에 나는 땅에 일어난 일에 대해 책임이 있습니다. 그래도 하나님은 은혜로 나를 감싸주기 시작하셨고, 이제 곧 하나님의 위대하신 구속이 나의 잘못을 모두 삼켜버릴 것입니다. 평화가 땅에서 사라질 것이나, 당신은 그 평화를 회복하는 일에 부름 받은 것입니다. 평화는 하늘에 충만하므로, 당신은 하늘이 땅에 임하도록 하는 일에 부름 받은 것입니다. 주의 임재 안에 거하는 자들은 평화를 알고 평화를 퍼뜨릴 것입니다. 땅이 뒤흔들리고 진동할 것입니다. 이제까지 보지 못했던 큰 환난의 때가 험한 파도같이 땅에 밀려오기 시작할 것입니다. 그리할지라도 주를 아는 자들은 어려움을 당하지 아니할 것입니다. 그들이 성난 파도 앞에서, '평화로다, 잠잠하라' 하고 명하면 바다는 잠잠해질 것입니다. 그의 소자 중 지극히 작은 자라도 평화의 큰 성채같이 다가오는 어떤 일도 견디어 낼 것입니다. 그의 영광은 먼저 그의 백성에게 드러날 것이고, 그 후에 그들을 통해 다른 사람들에게 보일 것입니다. 주의 백성을 통해서 만물도 주를 알아볼 것이며, 주께 순종하듯 그들에게도 순종할 것입니다. 이것이 내가 가졌던 권세이고, 그 권세는 다시 인간에게 주어질 것입니다. 나는 내 권세로 낙원을 광야로 바꾸어 버렸습니다. 주님은 그의 권세를 사용하여 광야를 다시 낙원으로 바꾸실 것입니다. 이것이 주께서 그의 백성에게 주실 권세입니다. 나는 내 권세를 잘못 사용하여 사망이 왔지만, 주의 권세가 의(義)로 사용되면 생명을 줄 것입니다. 권세에는 책임이 따릅니다. 당신도 나처럼 그것을 잘못 사용할 수 있지만, 당신이 사랑으로 행하면 그렇게 되지 않을 것입니다. 온 하늘이 다 알 듯이, '사랑은 언제든지 떨어지지 아니합니다.'"

"당신이 우리가 이 땅에 풀어놓으리라고 말했던 지진과 기근, 그리고 전쟁은 어떻게 되는 겁니까? 그것이 죽음을 풀어놓는 것은 아닌가요?" 내가 물었다.

"세상에 닥칠 모든 죽음은 생명으로 가는 길을 준비하기 위해 허락된 것입니다. 악을 심은 자들이 신령과 진정으로 십자가 앞으로 나아오지 않는 한, 심겨진 모든 것은 심어진 대로 거두어져야 합니다. 십자가의 군병들이 출정을 앞두고 있습니다. 그들은 모든 사람에게 하나님의 자비를 권하며 십자가의 능력 안에서 행군할 것입니다. 하나님의 자비를 거부하는 자들은 곧 생명을 거부한 것입니다."

"그것은 무거운 책임이군요." 내가 말했다.

"그들이 주의 자비를 거부한 것을 우리가 어떻게 알 수 있습니까?"

"불순종은 사망을 가져오고 순종은 생명을 가져옵니다. 내가 하나님과 함께 거닐었을 때, 그분은 내게 그의 길을 가르쳐 주셨습니다. 나는 그와 동행하면서 그를 알기 시작했지요. 당신은 하나님과 동행하며 그의 길을 배워야 합니다. 당신의 권세는 그의 권세이고, 그것을 사용하기 위해서는 그와 하나여야 합니다. 하나님의 군대의 무기는 세속적인 것이 아닙니다. 그것은 영적 무기이며 땅에 있는 어떤 무기들보다 훨씬 더 강력합니다. 당신의 가장 강력한 무기는 진리와 사랑입니다. 멸망의 마지막 심판마저도 자비로 베푸시는 하나님의 사랑입니다. 사랑으로 전해진 진리를 거부하는 것은 생명 대신 사망을 택하는 것입니다. 당신은 이 사실을 주님과 동행할 때 깨달을 것입니다. 당신은 예수님께서 사망 아닌 생명을 가져다 주시려고 당신께 성령을 주신 것을 깨닫게 될 것입니다. 사람들에게는 그들이 심은 것을 거둘 때가 주어지겠지만, 모든 것을 순종으로 해야 합니다. 예수님께서는 생명을 주시려 오셨습니다. 그는 누구도 멸망치 않기를 원하시므로, 당신도 이 소원을 가져야 합니다. 그러므로 당신은, 하나님께서 그 백성에게 주시기 원하시는 권세를 받을 만한 자라면, 비록 원수라도 사랑해야 합니다. 기록된 말씀이 이룰 때가 가까웠습니다. 주의 백성은 더 많은 시간이 필요함을 기도했고, 하나님은 시간을 주셨지만, 그 시간을 지혜롭게 사용한 자는 거의 없습니다. 당신에게도 시간은 조금 있지만, 곧 더 이상 지체할 수 없게 됩니다. 이제 곧 시간의 흐름이 가속되는 듯이 보이는 때가 될 것입니다. 기록된 바와 같이, 예수님께서 오실 때는 속히 임할 것입니다. 그러나 당신은 그때를 두려워하지 마세요. 당신이 하나님을 두려워한다면, 다가오고 있는 어떤 것도 두려워할 이유가 없습니다. 예수님의 지혜가 하늘에서와 같이 땅에서도 편만 하도록, 이제 곧 일어날 일들이 가까워지고 있습니다. 인간 속에 심어진 모든 악이 이제 거두어지려 하고 있습니다. 그러나 예수님께서 심으신 선, 또한 거두어질 것입니다. 선은 악보다 강하고, 사랑은 죽음보다 강합니다. 예수님이 마귀의 일을 멸하시려 이 땅에 다니셨으니, 그가 시작하신 일을 그가 마치실 것입니다."

능력과 사랑

아담이 말할 때 나는 주님의 은혜와 위엄에 사로잡히고 말았다. 그가 너무 순수해 보였기 때문에 나는, 혹 그가 타락 후 온 생애를 죄 없이 살지 않았을까 하고 궁금해하기 시작했다. 내 생각을 알고는, 대답하기 위해 아담이 잠시 화제를 돌렸다.

"죄가 내 안에 깊이 뿌리 박지 않았기 때문에 나는 땅 위에 오래 살았지요. 비록 죄를 범했더라도, 나는 하나님과 동행하도록 지어졌고 내가 원한 것은 여전히 그분이었습니다. 나는 다음 세대 사람들의 죄가 얼마나 깊은지를 알지 못했습니다. 죄가 커지면서 생명은 짧아졌지만, 어느 세대이든 하나님과 동행하는 자들은 하나님 안에 있는 생명을 접합니다. 모세는 하나님과 아주 가까이 동행했기 때문에 주께서 그를 취하시지 않으셨다면 더 오래 살았을 것입니다. 에녹도 하나님과 동행함이 너무 가까워서 주께서 데려가셔야만 했었던 것입니다. 그래서 예수께서 말씀하시기를, '나는 부활이요 생명이니 나를 믿는 자는 죽어도 살겠고 무릇 살아서 나를 믿는 자는 영생하리라' 하신 것입니다. 당신이 내 안에 보고 있는 것은 죄 없는 모습만이 아니라 내가 땅에서 살았던 삶의 모습도 보고 있습니다. 과거 지상에서의 우리의 모습은 영원한 우리의 모습의 일부로 남을 것입니다. 여기서도 나는 지상에서의 자신의 삶에 대해 잘 아는 구름같이 허다

한 증인들을 많이 볼 수 있습니다."

"당신도 구름같이 허다한 증인 중 하나이군요?"

"그렇지요. 나의 이야기는 영원한 복음의 일부입니다. 내 아내와 나는 죄를 맛본 최초의 사람들이며, 또한 자녀의 불순종의 결과를 처음 보았던 사람들입니다. 우리는 사망이 세대를 따라 확산되는 것을 보았지만, 우린 또한 십자가도 보았고 죄를 이기는 것도 보았습니다. 인간을 구속하셨으나 변화시킬 수는 없었던 십자가 이래로 사탄은 큰소리쳐 왔었습니다. 곧 임할 암흑과 악의 시대에 주의 백성은 굳게 서서, 하나님께서 그들을 죄에서 건지셨을 뿐 아니라 그들의 죄를 없이하셨다는 사실을 늘 증거할 것입니다. 그들을 통해 하나님은 온 땅의 죄를 제거하실 것입니다. 하나님은 이제 모든 만물에게 그의 새 창조의 능력을 펼쳐보이실 것입니다. 예수님은 단지 우리의 죄를 사하려고 오신 것이 아니라 인간을 죄에서 구하려고 오셨고, 그리고 세상 더러움이 묻지 않은 자들을 위해 다시 오십니다. 이 일은 가장 어려운 시기에 일어날 것입니다. 모두와 같이 나도 주를 사랑하고 땅을 사랑하도록 지어졌습니다. 나는 세상의 강들이 하수가 되는 것을 보기가 역겨웠지요. 그러나 더 역겨웠던 것은 사람의 생각 안에 일어나는 일들을 보는 것이었습니다. 지금 인간 사고의 흐름을 채우고 있는 생각의 철학들은 강을 채우고 있는 하수

만큼이나 역겨운 것이지요. 그러나 인간 사고의 강들은 땅 위의 강들처럼 언젠가 다시 정결케 될 것입니다. 그래서 선이 악보다 강하다는 사실이 앞으로 줄곧 증거될 것입니다. 예수님은 단지 구속하시기 위해서만이 아니라 또한 회복하시려고 십자가에 달리신 것입니다. 예수님은 인간에게 어떻게 살아야 하는지를 보여 주시려고 사람의 모습으로 땅에 오셨습니다. 이제 그는 그의 택한 자들을 통해서, 그들이 어떤 모습이 되도록 지어졌는지를 보여 주시기 위해 자신을 드러내 보이실 것입니다. 그 드러내심은 능력을 통해서만이 아니라 사랑을 통해서입니다. 예수님은 전능하시므로 당신에게 능력을 주실 것이고, 그 능력 역시 그를 드러내심입니다. 그러나 예수님이 그 능력을 사랑 때문에 사용하신다는 것을 알고, 당신도 그렇게 해야 합니다. 그의 심판마저도 사랑 때문에 임하는 것입니다. 당신이 심판을 선포할 때도 사랑 때문이어야 합니다. 땅에 임할 하나님의 마지막 심판도 그의 궁극적인 자비인 것입니다."

나는 아담, 아벨, 롯 그리고 요나가 함께 서 있는 것을 보았다. 그들 각자의 삶을 통해 드러나는 하나님의 위대한 복음의 깊은 뜻은 영원히 다 깨닫지 못할 것이었다. 아담의 불순종이 아벨의 순종으로 이어졌고, 아벨의 피는 아직도 구원의 선구자로서 증거하고 있다. 의로웠던 롯이 도시를 구하지 못했으나,

의롭지 못했던 요나는 할 수 있었다. 사복음서가 그렇듯이, 그들 네 사람을 통해 배울 수 있는 깨달음에 이르기에는 끝이 없는 듯이 여겨졌다.

이 깨달음 역시 하나님의 부르심이었다.

제5장

심판의 문

나는 이 네 사람이 말했던 것을 남김없이 소화하려 안간힘을 썼다. 지혜가 단번에 그렇게 많은 말을 내게 하신 적이 없었지만, 구절마다 소중해서 어느 것도 잊어버리고 싶지 않았다. 모세처럼 하나님의 계명을 돌에 새겨진 대로 그의 백성에게 전할 수 있다면, 그 말씀이 나로 인해 더럽혀지지 않게 될 것이니 얼마나 좋을까 하고 나는 생각해 보았다. 또다시 내 생각을 아시고는, 지혜가 답했다.

"그것이 옛 언약과 새 언약의 차이이다. 내 말이 책으로 쓰이면 그 말은 나의 백성에게 영적인 깨달음을 줄 것이다. 그렇더라도 그 말이 내 백성의 마음에 기록될 때에만 내 말의 참 능력을 알 수 있게 된다. 살아있는 편지는 종이나 돌에 기록된 편지보다도 더 강하다. 너는 성경을 쓰고 있는 것이 아니기 때문에, 네가 기록하는 말들 속에는 너 자신이 있게 될 것이다. 그래도 내가 너를 바로 이 일을 위해 예비하였기 때문에, 네가 쓰는 책들은 내가 원하는 바대로 될 것이다. 그 책들은 완벽하지 못할 것이다. 내가 오기 전에는 온전함이 이 땅에 올 수 없기 때문이다. 온전하려면 나를 바라보아야 한다. 그래도 나의 백성이 곧 내가 쓰는 책이요, 지혜 있는 자는 나의 백성을 통해 나를 볼 것이며 그들의 일을 통해서 나를 볼 것이다. 내 아버지께서는 세상을 사랑하시기 때문에 나를 세상에 보내셨다. 나도 세상을 사랑하기 때문에 나의 백성을 세상으로 보낸다. 나는 부활한 후에 세상을 심판할 수도 있었지만, 내가 십자가를 통해 이루어 놓은 권능을 사람들이 보게 하기 위해, 또 나의 의로운 자들이 드러나도록 하기 위하여 세상을 그대로 놓아두었다. 내가 이 일을 행한 것은 바로 나의 사랑 때문이고, 너희는 그 사랑의 증인들이다. 나를 사랑하고 네 이웃을 사랑하라. 이것이 네게 주는 나의 계명이다. 이를 행할 때만이 너의 증거하는 바가 참된 것이 될 수 있다. 내가 네게 명한바 나의 심판을 전하는 일도 반드시 사랑으로 행하여야 한다. 나의 책에는 모든 사람의 삶이 기록되어 있고, 그들의 삶은 모든 피조물에 의해 영원토록 읽힐 책이다.

세상의 역사는 하나님의 지혜로 가득 차있다. 내가 행한 구원은 우리의 사랑을 보여 주는 것이며, 십자가는 만물이 알게 될 가장 큰 사랑이다. 내 아버지 앞에 있는 천사들도 구원의 이야기를 너무 사랑하는 나머지 사람들과 같이 살게 될 때를 고대하고 있다. 천사들은 우리가 우리의 형상을 따라 사람을 만들었을 때 경탄해 마지않았고, 인간이 우리가 만들어 준 낙원의 한복판에서 악을 범했을 때 경악했다. 구원으로 말미암아, 이제는 손상되었던 하나님의 형상이 회복되고 그 형상이 인간을 통해 한층 더 영광스럽게 드러나고 있다. 그 영광은 보잘것 없는 질그릇 안에 있음으로 인하여, 볼 수 있는 눈을 가진 자들에게는 더 잘 드러나게 되는 것이다. 이것이 처음 창조보다 더 위대한 새 창조이다. 나의 새 창조를 통해서, 우리는 첫 낙원보다 더 큰 새 낙원을 만들고 있다. 나의 구원을 영접하는 모든 자는 영원히 읽힐 나의 책이다. 우리는 새 창조를 통해 처음 창조를 회복할 것이고, 그것이 다시 낙원이 될 것이다. 나는 모든 것을 회복할 것이고, 모든 악은 선으로 정복될 것이다. 나의 교회가 바로 내가 쓰고 있는 책이며, 온 세계가 그 책을 곧 읽게 될 것이다. 세상은 지금까지 사탄이 내 교회에 대해 쓴 책을 읽고 싶어하여 왔으나, 이제 내가 내 책을 내어줄 것이다. 나는 마지막 날에 사도들을 보내려 한다. 그들은 바울, 요한, 베드로와 같은 사람들일 것이다. 나는 그들을 세우기 위하여 세례 요한 같은 자들을 많이 보내서 내게 헌신하도록 그들에게 가르치게 할 것이며, 회개가 그들의 삶의 기초가 되게 할 것이다. 그 사도들도 역시 세례 요한 같을 것이다. 세례 요한의 가장 큰 기쁨이 신랑의 음성을 듣는 것이었던 것처럼, 이들은 나의 신부가 나를 위해 준비되도록 하는 그 한 가지에 헌신하게 될 것이다. 그러므로 나는 광야에 길을 내며 사막에 강을 내는 일에 이들을 사용할 것이다. 그들은 높은 곳을 낮아지게 하며 낮은 곳을 높일 것이다. 네가 저 문을 들어서면 그들을 만나게 될 것이다. 나는 내 마지막 날에 선지자들을 보내려 한다. 그들은 나를 사랑하며 에녹처럼 나와 동행할 것이다. 그들은 나의 능력을 행해 보이며 내가 유일한 참 하나님임을 세상에 증거할 것이다. 그들은 각각 정결한 샘이 되어 그들로부터 생명수가 흐르게 될 것이다. 이따금 그 샘물은 정화하기 위해 뜨겁기도 할 것이고, 새롭게 하기 위해 차갑기도 할 것이다. 또한, 내가 그들에게 한 손에는 번개를, 다른 손에는 천둥을 줄 것이다. 그들은 독수리같이 땅 위로 날아오를 것이나, 내 백성을 귀히 여겨 그들에게는 비둘기같이 내려올 것이다. 그들은 도시 위에 회오리바람과 지진으로 올 것이지만, 온유하고 겸손한 자들에게는 빛을 비출 것이다. 네가 저 문을 들어서면 그들도 만나게 될 것이다. 나는 내 마지막 날에 복음을 전하는 자들을 보내려 한다. 나는 그들에게 결코 마르지 않을 기쁨의 잔을 줄 것이다. 그들은 병든 자를 고치고 마귀를 쫓아낼 것이다. 그들은 나를 사랑하고 의(義)를 사랑할 것이며, 날마다 자기의 십자가를 지고 자신이 아닌 나를 위해 살 것이다. 세상은 그들을 통하여, 내가 살아 있는 것과 모든 권세와 능력을 받은 것을 알게 될 것이다. 이들은 두려움을 모르는 자들로, 대적의 문을 공격하며 땅의 어두운 곳으로 쳐들어가 많은 사람을 내 구원으로 인도할 것이다. 이들 역시 바로 저 문 넘어선 곳에 있고 네가 만나볼 것이다. 나는 내 마지막 날에 목자들을 보내려 한다. 이들은 양들을 위해 나 같은 마음을 가질 것이고, 나를 사랑하기 때문에 내 양을 먹일 것이다. 그들은 내 어린양들을 마치 자신의 양처럼 돌볼 것이며, 내 양들을 위하여 자신의 목숨을 내어줄 것이다. 나의 백성이 서로를 위해서 자신의 목숨을 내어줄 때 그 사랑이 사람들의 마음을 움직일 것이고, 이로써 세상이 나를 알게 될 것이다. 나는 이 희생의 목자들을 나의 자녀를 섬기라고 준 것이다. 이들은 나의 집을 지키도록 맡길 수 있는 신실한 자들이다. 이들 역시 저 문을 넘어선 곳에 있고 네가 만나볼 것이다. 나는 내 마지막 날에 교사들을 땅에 보내려 한다. 그들은 나를 앎으로 나의 백성이 나를 알도록 가르칠 것이다. 그들은 진리를 사랑할 것이며, 어둠 앞에 물러서지 않고 그 어둠을 밝히 드러내어

물리칠 것이다. 그들은 네 조상이 파 놓은 우물들을 다시 터놓아 맑은 생명수를 공급할 것이다. 그들은 또한 애굽의 보물들을 가지고 나와서 나의 거처를 건축하는 데에 사용할 것이다. 너는 이들도 저문 넘어선 곳에 서서 만날 것이다."

주님이 말씀하실 때 나는 그 문을 바라보았고, 그제야 처음으로 그 문에 들어서고 싶은 마음이 우러났다. 그의 말 하나하나가 내 맘에 기대를 부풀게 했고, 나는 이들 마지막 날의 사역자들을 만나 보기를 몹시도 원했다.

"너는 이들이 오고 있는 것을 여러 해 전부터 마음으로 알아왔다. 너를 여기 오게 한 것은, 너로 하여금 그들을 알아볼 수 있게 하고 또 그들의 사역을 돕게 하기 위함이다."

나는 그 문에 들어섰다.

제6장

감옥

 어느덧 나는 넓은 감옥 마당에 서 있었다. 거기는 전에 보지 못한 큰 벽이 있었다. 그 벽은 수백 피트 높이에 아주 두꺼웠고 끝없이 이어져 있었다. 그 벽 앞에는 또 다른 울타리와 날카로운 철조망이 쳐져 있었고, 그 벽 꼭대기를 따라 수백 피트 간격으로 파수대가 있었다. 곳곳에는 파수병이 있었는데 거리가 너무 멀어서 그들을 알아보기가 어려웠다.
 잿빛에 어둡고 음산한 그 벽은 그 마당에 서 있던 무리의 모습을 그대로 보여주는 것 같았다. 그 마당에는 모두가 같은 부류의 사람들끼리 무리 지어 앉아 있었다. 나이 든 흑인들이 한 무리를 이루고 있었고 젊은 흑인들이 또 다른 무리를 이루고 있었다. 백인들도 늙은이와 젊은이들이 따로 앉아 있었고 여자들도 각각 따로 있었다. 민족별로도 마찬가지였다. 무슨 특징이든 있기만 하면 서로 구별되어 있었고, 어린아이들만이 예외였다.

각 무리 사이에는 많은 사람이 이리저리 헤매고 있었다. 내가 보니, 그들은 자신의 모습을 확인하려 자기와 가장 비슷한 무리를 찾아다니고 있는 것임을 알 수 있었다. 그러나 어느 무리도 그들을 잘 받아 주지 않았다.

더 자세히 보니, 그들 모두가 깊은 상처들과 이로 인한 흠집들을 가지고 있는 것을 볼 수 있었다. 그들은 어린이들을 제외하고는 모두가 소경이나 다름이 없어서, 겨우 자기 무리 정도만을 보는 것 같았다. 같은 무리 안에서도 서로가 끊임없이 서로의 다른 점을 찾아내려 하고 있었고, 아무에게서나 아주 작은 차이라도 발견하면 그 사람을 공격하곤 했다. 그들은 모두가 굶주리고 목마르고 병들어 있는 것 같았다.

나는 어느 노인에게 다가가서 그들이 왜 감옥에 있는지를 물었다. 그는 깜짝 놀라며 나를 쳐다보고는, 자기들은 감옥에 있는 것이 아니라며 왜 그런 어리석은 질문을 하느냐고 거세게 따졌다. 내가 울타리와 파수병들을 가리켰더니 그는, "어디 울타리가 있고 어디 파수병이 있단 말이냐?"라고 했다. 그는 내가 자기를 심히 모독한 듯이 나를 노려보았다. 더 물어보았더라면 당장 내게 덤벼들었을 것이었다.

나는 어느 젊은 여자에게 같은 질문을 했다가 꼭 같은 소리를 들었다. 그때 나는 그들이 울타리와 파수병들을 볼 수 없을 정도로 눈이 멀었다는 것을 알아챘다. 그들은 자기가 감옥에 있다는 사실조차 알지 못하고 있었다.

파수병

나는 왜 그들이 감옥에 있는지를 파수병에게 물어보기로 했다. 울타리로 접근하여 보니 그 울타리 안에는 쉽게 기어들어갈 만한 구멍들이 있었다. 그 벽에 도달했을 때, 나는 그 벽이 너무 제멋대로 쌓여져서 쉽게 기어오를 수 있다는 것을 발견했다. 누구나 어렵지 않게 도주할 수 있었지만, 그들은 자신이 붙잡혀 있는 사실을 모르기 때문에 아무도 도망하려 하지 않고 있었다.

벽 꼭대기에 올라가니 아주 멀리까지 볼 수 있었고, 태양이 벽 너머에서 비치는 것이 보였다. 그 빛은 높은 벽과 그 벽 위로 덮인 구름 때문에 감옥 안으로는 비치지 않았다. 나는 멀리 어린이들이 모여 있는 마당 끝 부분에서 불길을 보았다. 그 불에서 나는 연기가 두꺼운 구름을 이루어서 온 마당을 덮고 있었고, 그 때문에 벽으로 인한 그림자가 마치 숨 막히는 음산한 안개처럼 보였다. 나는 무엇이 불타고 있는 것인지 궁금했다.

벽 꼭대기를 따라 파수병 자리까지 걸어왔다. 나는 그 파수병이 멋진 정장을 하고 있는 데다 그 옷깃이 사역자나 신부의 것임을 보고 놀라지 않을 수 없었다. 그는 나를 보고 놀라는 기색이 없었다. 아마도 내가 다른 파수병인 줄로 여기는 것 같았다.

"이들이 왜 감옥에 있는 겁니까?" 내가 물었다.

그 질문은 그를 놀라게 했고, 두려움과 의심이 그를 덮어 오는 것을 보았다.

"무슨 감옥 말이요?" 그가 대답했다.

"당신 지금 무슨 말을 하고 있는 거요?"

"난 지금 이 감옥 마당에 있는 사람들을 말하는 겁니다."

나는 묘한 대담함을 느끼며 말했다.

"당신은 파수대 안에 있으니 분명 감옥 파수병일 텐데 왜 그런 옷을 입고 있는 겁니까?" 난 계속 물었다.

"난 감옥 파수병이 아니고 복음의 사역자요. 난 저들을 경비하고 있는 게 아니고 저들의 영적인 지도자요. 이곳은 파수대가 아니고 주의 집이란 말이오. 아들이여, 당신이 재미 삼아 하는 질문이라면 난 비웃지 않겠소!"

그는 총을 잡아들고 날 향해 쏠 채비를 하는 것 같았다.

"귀찮게 한 것을 용서하십시오."

정말로 그가 총을 쏠 것임을 감지하고는 내가 답했다.

나는 걸어 나오면서 금방이라도 총소리가 날 줄 알았다. 그는 자기가 위협을 느끼면 그 즉시 아무 생각 없이 총을 쏠 정도로 불안하여 보였기 때문이다. 그는 성실하기는 했지만, 자신이 파수병인 사실을 정말 모르고 있었다.

학교 교사

이젠 안전하다고 생각될 때까지 벽을 따라 걸어 나와서 나는 그 사역자를 돌아보았다. 그는 몹시 흥분하여 파수대 안에서 왔다갔다하고 있었다. 나는 내 질문이 왜 그를 그렇게 불안하게 했는지 궁금했다. 분명한 것은, 내 질문이 그로 하여금 뭔가 다르게 보도록 깨우치지 못하고 도리어 더욱 불안정하고 경직되게 했다는 사실이다.

걸으면서 나는 무슨 일이 벌어지고 있는 것인지를 몹시도 알고 싶어졌고, 다음 파수병을 만나서는 어떤 식으로 질문을 바꿔야 거부감을 주지 않게 될지를 생각했다. 다음 파수대에 가까이 갔을 때 나는 또다시 그 파수병의 모습에 놀랐다. 그는 사역자가 아니고 대략 25세 정도 된 젊은 여자였다.

"아가씨, 뭘 좀 물어봐도 되겠습니까?" 하고 물었다.

"물론이죠. 뭘 도와 드릴까요?" 짐짓 친절한 체하며 그 여자가 말했다.

"여기 어린아이 중의 부모가 되시는 모양이지요?"

"아닙니다. 나는 작가입니다."

나는 어쩐지 이 말이 그 여자에게 해야 할 대답이라는 것을 알았다. 기대했던 대로 그 여자는 관심을 보였다.

바로 전에 만났던 사역자에게 그곳을 '파수대'라고 했던 실수를 다시 범치 않으려고, 나는 그 여자에게 왜 '그곳'에 서 있는지를 물었다. 그의 대답은 즉각적이었고, 내가 그걸 모르는 것이 의아하다는 듯하였다.

"나는 학교 교사인데, 내가 내 학교에 있는 것이 극히 정상 아닙니까?"

"그렇다면, 이곳이 당신의 학교이군요."

내가 그 파수대를 가리키며 답했다.

"그래요. 난 이곳에 온 지 이제 3년이 됐고, 평생을 이곳에 있게 될 것입니다. 난 내가 하고 있는 일을 사랑합니다."

나는 이 마지막 말이 매우 기계적으로 나오는 것을 보고, 그 여자를 조르면 뭔가를 알아낼 수 있으리라는 것을 알았다.

"무엇을 가르치시나요? 남은 생애를 이 일에 바치려 하는 것은 당신에게는 분명히 흥미로운 일이겠군요."

"나는 일반 과학과 사회학을 가르칩니다. 이 아이들에게 인생관과 세계관을 형성시켜 주는 것이 나의 일입니다. 내가 가르치는 것은 앞으로 삶에서 그들을 바르게 인도할 것입니다. 당신은 무엇을 쓰고 계십니까?"

그 여자가 물었다.

"책이죠. 나는 리더쉽에 대한 책을 씁니다."

그 여자의 다음 질문을 기대하면서 내가 대답했다. 어쩐지 나는, 내가 '크리스천 리더쉽의 책'을 쓴다고 했더라면 우리의 대화는 그대로 끝나 버렸을 것임을 알았다. 내 대답을 듣고 그 여자의 관심이 더 커지는 것 같았다.

"리더쉽은 중요한 주제이지요."

그녀는 여전히 좀 친절한 체하며 말했다.

"지금은 여러 가지 변화가 급속하게 일어나고 있어서, 그러한 변화들의 방향을 바르게 잡기 위한 바른 리더쉽의 수단들이 반드시 있어야 합니다."

"어떠한 방향을 말하는 건가요?"

내가 물었다.

"평화와 안전을 통해서만 이룰 수 있는 번영을 향해서이지요." 내가 그런 질문을 한 것에 놀란 듯이 그녀가 대답했다.

"당신의 생각을 거스르고 싶지는 않습니다만, 난 이 점에 대해 당신의 견해를 듣고 싶습니다." 내가 답했다.

"평화와 안전을 이루기 위한 가장 좋은 길이 무엇이라고 생각하십니까?"

"물론 교육을 통해서죠. 우리는 지구라는 우주선에 함께 타고 있기 때문에 함께 살아가야 합니다. 교육을 통해서, 우리가 모두 다 같다는 것과 그래서 다 같이 사회에서의 자기 몫을 하면 모두 함께 번영한다는 것을 이해시킬 수 있고, 이것으로 우리는 아직 미개한 사회의 정신구조에서 벗어나지 못하고 있는 일반 대중을 구해내도록 도울 것입니다."

"흥미롭긴 하지만, 우리는 모두 다 같지 않습니다."

내가 답했다.

"또한, 흥미로운 것은 땅 위에 있는 모든 사람이 이전보다 더욱 분열되고 서로 갈라져 가고 있다는 사실입니다. 혹 당신의 철학을 좀 수정해야 한다는 생각이 안 드십니까?"

그 여자는 놀람과 동요의 빛으로 나를 보았다. 그러나 내 말에 동의한 때문은 조금도 아닌 것이 분명했다.

"선생님은 완전히 눈이 머셨군요."

마침내 그녀가 반응을 보였다.

"아니오, 난 내가 꽤 잘 본다고 믿습니다." 내가 대답했다.

"난 방금 사람들 사이를 다녀보고 왔는데, 사람들이 다른 무리 간에 그렇게 나뉘고 그렇게 적대감을 가지고 있는 것을 이전엔 보지 못했습니다. 그들 간의 대립은 어느 때보다 더 심한 듯이 보입니다."

내 말이 그 여자의 뺨을 때리는 것이나 다름없음을 난 알았다. 그 여자는 마치 누가 그런 말을 한 것조차 안 믿는 듯했으니, 그 말이 맞는 말일 수도 있다고 믿는 것은 있을 수 없는 일이었다. 잘 살펴보니 그 여자는 나를 거의 보지 못할 정도로 눈이 멀어 있음을 알 수 있었다. 그 여자는 아주 높은 탑 위에 있어서 아래에 있는 사람들을 볼 길이 없었다. 그는 무슨 일이 벌어지고 있는지를 정말 몰랐지만, 자신은 모든 것을 본다고 진심으로 믿고 있었다.

"우리는 세계를 변화시키고 있습니다."

그 여자는 뚜렷이 경멸하는 투로 말했다.

"우리는 사람을 변화시키고 있습니다. 당신이 말한 듯한 짐승같이 행동하는 자가 아직도 있다면, 우리는 그들도 변화시킬 것입니다. 우리는 이깁니다. 인간은 승리할 겁니다."

"그것은 당신같이 아주 어린 사람에게는 꽤 중한 사명이겠군요." 내가 비평하듯 말했다.

그 말이 그 여자를 더 화나게 했지만, 그녀가 대답하기도 전에 두 여자가 파수대의 문을 향해 벽 위를 따라 걸어오는 것이 보였다. 한 사람은 50대로 보이는 흑인 여성이었고 또 한 사람은 30대 초반의 잘 차려입은 백인 여성이었다. 그들은 걸으면서 대화를 나누고 있었고, 둘 다 품위와 확신이 가득 찬 모습이었다. 그들이 벽 꼭대기에 올라온 것을 봐서는 그들은 분명히 볼 수 있는 자들이라는 것을 알 수 있었다.

놀랍게도 그 젊은 교사는 총을 잡아들고 파수대 밖으로 나가섰다. 그 여인들이 더 가까이 오는 것을 원치 않는 것이 분명했다. 그 교사는 매우 가식적인 쾌활함과 뭔가를 과시하는 듯한 우월감을 보이며 그들에게 인사했다. 또 놀라운 것은, 그 두 여인은 그 훨씬 어린 여자 앞에서 겁을 내며 지나치게 정중해진 것이다.

"우리는 아이들이 배우는 것 중에 이해하지 못할 것이 있어서 물어보러 왔습니다." 흑인 여자가 좀 용기를 내며 말했다.

"네, 아이들이 부모가 이해 못 하는 많은 것을 배우고 있는 것은 사실이지요." 그 교사는 짐짓 친절한 체하며 대답했다.

그 교사는 그들이 계속 총을 의식하게끔 하려고 총을 흔들어 보였고, 두 여인은 그 총에서 눈을 떼지 못하고 있었다. 그 가까운 곳에 놀란 채로 서 있던 나를 그 교사가 신경질적으로 돌아보았다. 내가 그 여인들에게 뭔가를 얘기할까 봐 두려워하고 있다는 것을 알 수 있었다. 그 여자는 총을 만지작거리며 나를 가라고 했다. 그 여인들은 그 여자가 누구와 얘기하는지를 보려고 쳐다보았는데, 그때 나는 그들이 날 보지 못한다는 것을 알았다. 그들의 두려움이 눈을 보지 못하게 만든 것이었다.

나는 그 여인들에게 제발 용기를 가지고 마음으로 느끼는 것을 믿으라고 외쳤지만, 그들은 마치 무슨 소리만이 들리는 듯이 내 쪽을 돌아보았다. 그들은 귀마저 듣지 못하게 되어갔고, 이를 본 그 교사는 싱긋이 웃었다. 그리고는 총으로 나를 겨누면서 호각을 불었다. 내 느낌에는 마치 그 여자가 나를 세상에서 가장 위험한 사람이라고 생각하는 것 같았다.

그 여자가 호각으로 누굴 불렀든 간에 나는 더 이상 지체하면 안 되는 것을 알았다. 또 그 젊은 교사가 눈이 멀었기 때문에 내가 조금 물러서기만 해도 위험에서 벗어나게 될 것임을 깨달았다. 내가 옳았다. 내가 뒷걸음치자 그 여자는 소리를 지르며 호각을 불었고, 기어이 너무 화가 치밀어 두 여인을 향해 총을 쏘기 시작했다.

내가 두 파수대 사이의 벽 꼭대기에 서서 방금 벌어진 모든 일에 대해 궁금해하고 있을 때, 지혜의 임재를 느꼈다.

"너는 감옥 마당으로 돌아가라. 내가 너와 함께 할 것이다. 너는 어떤 함정 속이나 무기 앞에서도 빠져나올 수 있는 영의 눈을 가지고 있다는 것을 알아야 한다. 두려움이 너를 눈멀게 한다는 것만을 기억해라. 내가 너와 함께 한다는 믿음 안에서 네가 행한다면, 너는 항상 네 갈 길을 볼 수 있을 것이다. 또한, 너는 네 영의 눈으로 보는 것들을 내가 만나게 해주는 사람에게만 말해 주도록 유의해야 한다. 영의 눈은 파수병들이 가장 두려워하는 것이다. 네가 내게 물어볼 것들이 많다는 것은 알지만, 그 해답은 네가 직접 그곳에서의 체험들을 통해 얻는 것이 더 좋을 것이다."

제7장

젊은 사도

 나는 감옥 벽 꼭대기에서 내려와 마당으로 걷기 시작했다. 내가 죄수들을 지나칠 때, 그들은 나의 존재에 대해서 또 벽에서 일어났던 모든 소동에 대해 거의 무관심한 듯 보였다. 즉각 나는 그들이 그렇게 멀리까지 볼 수 없다는 것을 기억하였다. 한 흑인 청년이 내가 가는 길에 서서 밝고 호기심에 찬 눈으로 나를 바라보았다.
 "당신은 누구십니까?" 우리가 동시에 말했다.
 우리는 서 있는 채 마주 보았다. 마침내 그가 말했다.
 "제 이름은 스데반입니다. 나는 볼 수 있지요. 저에 대해 아직 모르시는 것 중 무엇을 더 알기를 원하시는지요?"

"당신에 대해 내가 어떻게 알 수 있지요?" 내가 물었다.

"제가 볼 수 있도록 도와주신 분이 말씀하기를 언젠가 죄수가 아닌 다른 사람들이 올 것이라고 하셨지요. 그들은 볼 수 있는 자들이며, 우리가 누구인지 또 우리가 어떻게 이 감옥에서 탈출할 수 있는지 우리에게 일러 주실 것이라고 했습니다."

지혜가 다음 문을 통과할 때 만나게 될 사람들에 대해 말한 것을 기억하면서 나는 그가 누구였는지 몰랐다는 사실에 대해 나 자신을 질책했다.

"당신을 압니다. 그리고 당신에 관한 여러 일도 알지요."

나는 인정하였다.

"하지만, 이곳이 여태까지 내가 본 곳 중 가장 이상한 감옥이라는 것을 고백합니다."

"하지만, 이곳은 단지 감옥일 뿐입니다."라고 그는 항의했다.

나는 그에게 물었다.

"만일 당신이 한평생 이곳에 있었다면, 여기가 어떤 곳인지 당신이 어떻게 알겠습니까?"

"저를 볼 수 있게 하신 이가 내게 말하기를 이곳이 유일한 감옥이라 하셨습니다. 그는 또한 그동안 갇힌 적이 없던 모든 영혼이 이곳에 사로잡혀 있다고 말씀하셨습니다. 그는 언제나 내게 진리만을 말씀하셨기 때문에 저는 이 말씀을 믿습니다."

"당신을 볼 수 있도록 도와주신 분이 누구인지요?"

나는 그를 보게 한 사람이 누구인지에 대한 답변을 기대하며 질문했지만, 또한 어떻게 이 감옥이 모든 사로잡은 영혼을 수감할 수 있는지가 궁금했다.

"그분은 한 번도 그의 본명을 말씀하지 않으셨지만 스스로 '지혜'라고 부르시더군요."

"지혜라고요! 그는 어떠한 모습이었나요?" 내가 물었다.

"그분은 젊고 흑인 운동선수였습니다. 그는 어떤 사람보다 더 잘 볼 수 있었고 이곳의 모든 사람을 알고 계신 것 같았습니다. 참으로 이상했습니다. 저는 이곳에서 지혜를 만난 다른 사람들을 만나 보았지만 모두 그분을 서로 다르게 묘사하더군요. 어떤 이는 말하기를 그는 백인이라고 했으며, 다른 이는 그가 여자라고 했습니다. 서로 다른 '지혜'가 있기 전에는 그는 변장의 대가일 것입니다."

"그분께 나를 데려다 줄 수 있나요?" 내가 물었다.

"그렇게 했으면 좋겠지만, 지금까지 저도 그를 오랫동안 보지 못했습니다. 걱정되는 것은 그분이 떠나셨던가 아니면 어쩌면 죽었을지도 모르겠네요. 그가 떠난 후 저는 매우 낙심했습니다. 당신을 보기 전까지 제 시력은 점점 약해지기 시작했습니다. 그러나 당신을 보자마자, 그분이 제게 하신 말씀이 사실이라는 것을 알았습니다. 그분은 당신도 '지혜'를 안다고 했는데 왜 당신은 나에게 지혜에 대해 그렇게 많은 질문을 하십니까?"

"물론 그를 알지요! 그리고 힘을 내요. 당신의 친구 분은 죽지 않았습니다. 나도 당신에게 그분의 본명을 이야기하겠지만 그러나 그전에 당신에게 몇 가지 질문을 해야겠어요. 나는 당신이 믿을 수 있는 분이라는 것과 이곳에 올 당신과 같은 다른 사람들이 이곳의 모든 볼 수 있는 자들을 만나기를 원한다는 것을 알고 있습니다. 또한, 당신과 오실 다른 이들이 이곳의 다른 수감자들을 볼 수 있도록 도울 것도 압니다. 그런데 한 가지 때문에 저는 놀랐습니다."

"그것이 무엇인가요?"

"당신이 백인이라는 것입니다. 저는 우리를 도와 볼 수 있도록 하여 해방시켜 줄 분이 백인이라고 생각해 본 적이 없습니다."

"나는 백인이 아닌 다른 많은 사람도 오고 있다는 것을 확신합니다." 내가 대답했다.

"내가 이야기해 줄 수 있는 것은 당신은 이미 상당한 비전을 가지고 있다는 것이며 따라서 내가 지금 이야기하는 것을 당신이 이해할 것을 압니다."

비전의 가치

스데반이 제대로 듣고 있는지를 확인하기 위해 그를 바라볼 때 나는 그가 얼마나 열려 있으며 가르침을 받으려는지 그 모습에서 그와 비슷한 연배의 여교사와 큰 대조를 이루고 있음에 감동되었다. 이 사람은 진실한 교사가 될 것이라고 생각하며 계속 말했다.

"우리가 최상의 것을 볼 수 있는 자리에 도달할 때, 우리는 더 이상 사람들을 그들의 피부색이나, 성별이나 또는 나이로 판단하지 않을 것입니다. 우리는 더 이상 외모가 아니라 영으로 판단할 것입니다."

"그것은 우리의 교사들이 자주 말씀하던 것과 같이 들리네요." 스데반이 약간 놀란듯이 대답했다.

"그러나 생각의 차이가 있지요." 내가 계속해서 말했다.

"그들은 당신이 우리 모두가 비슷하다고 생각하도록 노력했으나 우리는 특별한 이유 때문에 각각 다르게 창조되었습니다. 진정한 평화가 올 수 있는 유일한 길은 우리가 가지고 있는 각각 다른 점들을 존중할 때입니다. 진정으로 우리가 누구인지를 알게 될 때, 우리와 다른 자들로부터 어려움을 당하지 않을 것입니다. 우리가 자유로울 때 비로소 우리는 다른 자들에게 존중하며 경의를 표하는 것을 보이는 자유를 얻게 될 것이며 이것은 당신과 나와 같이 서로간에 배우려고 노력할 때 가능합니다."

"이해합니다." 스데반이 동의했다.

"당신이 백인이기에 놀랐다고 말한 것이 당신을 화나게 하지 않았기를 바랍니다."

"아니요. 화나지 않았습니다. 나는 이해합니다. 나는 내 피부색에도 불구하고 당신이 나를 알아 봤다는 사실에 오히려 용기를 얻었습니다. 그러나 언제든지 우리가 다른 자들로부터 마음을 열고 배우려고 할 때 우리의 비전은 더욱 강함을 얻게 된다는 것을 기억하세요. 당신의 마음은 이미 우리가 처음 만났을 때 보다 훨씬 밝아져 있군요."

"그렇지 않아도 어떻게 이렇게 빨리 내 비전이 회복되는지 생각하고 있었습니다." 스데반이 언급했다.

"이제 내가 왜 여기에 있는지 알게 되었습니다." 내가 덧붙였다.

"당신의 비전이야말로 당신의 모든 소유 중 가장 소중한 것임을 명심하십시오. 매일 당신의 비전을 강화시키는 데 도움이 되는 일을 하세요. 그리고 당신의 비전을 약화시키는 사람이나 일들에서 멀어지십시오."

"네. 낙심 같은 것 말이지요."

"그렇지요. 낙심은 시력 약화의 시초입니다." 내가 말했다.

"우리의 목적을 성취하기 위하여 어떠한 형태의 낙심도 견뎌야 합니다. 낙심은 눈을 멀게 합니다. 제가 보기 시작했을 때, 저에게 중요한 목적이 있다는 것을 느끼기 시작했고 아주 중요한 것이 아닌가 합니다."

스데반은 계속해서 말했다.

"당신은 제 목적이 무엇인지 알도록 도와주실 수 있습니까?"

"네, 제가 보기에 도울 수 있을 것 같군요. 우리의 목적을 아는 것이 우리의 보는 능력을 향상시키는 일 중 하나입니다. 사실 이곳에서 나의 기본 목적은 당신과 다른 자들이 당신들의 목적을 알 수 있도록 시력을 향상시키는 일을 돕는 것이라고 생각합니다. 그러나 우리는 이보다 더 중요한 것에 대해 대화할 필요가 있습니다."

묻힌 보배

스데반이 말했을 때, 나는 지혜의 음성을 들을 수 있었으므로, 이 젊은이가 주님께 가르침을 받았음을 알았다. 또한, 나는 그가 주님의 이름도 몰랐기 때문에 '지혜'의 이름이 예수님이라고 믿는 데 어려움을 겪고 있다는 것을 알았다. '지혜'의 이름을 나누기 위해선 나에게 지혜가 필요함을 알았다. '지혜'께서 문을 통과하면 만나게 될 것이라고 언급했던 사도들, 선지자들, 복음전파자들, 목사들 그리고 선생들을 생각했다. 나는 이러한 곳에서 그들을 만나리라고는 꿈에도 생각해 본 적이 없었다. 무수한 군중을 보면서 나는 주님의 임재를 느꼈다. 그분이 나와 함께 하셨고 심지어는 이러한 지독한 감옥에서 조차 함께 하심을 느끼자 내게서 흥분이 용솟음쳤다. 이를 위하여 내가 그동안 준비되었구나 라고 생각했다.

"스데반, 당신은 이 무수한 군중을 바라볼 때 무엇을 볼 수 있지요?" 내가 물었다.

"혼돈, 절망, 쓰라림, 증오가 보입니다. 내게 어둠이 보입니다." 그가 응답했다.

"맞는 말입니다만, 당신의 마음의 눈으로 다시 보세요. 당신의 환상을 사용하세요." 내가 대답했다.

그는 오랫동안 바라보더니 약간 머뭇거리며 "이제는 넓은 들판과 그곳에 묻혀진 보배가 보이는데 곳곳에 보배가 있으며, 여러 형태를 가지고 있군요."

"맞습니다." 내가 대답했다.

"이것은 당신의 목적에 대한 계시이기도 합니다. 당신은 보배의 사냥꾼입니다. 전에 생존했던 위대했던 사람 중 일부가 이곳의 함정에 빠져 있는데 당신은 그들을 찾아 도주할 것입니다. 그러나 어떻게 제가 그들을 찾아내고, 나도 자유롭지 않은데 어떻게 그들을 자유롭게 하겠습니까? 당신은 이미 어떻게 그들을 찾아내야 하는지 알고 있으나 당신이 자유롭지 않은 상황에서 다른 사람들을 자유롭게 하지 못한다는 말은 사실입니다. 그것이 당신의 다음 과제입니다. 그러나 당신이 기억해야 할 것은 당신의 목적을 알게 되는 것은 당신의 마음의 눈으로 보는 상황에 처할 때라는 것입니다. 당신의 가장 깊은 곳에서부터 보게 되는 것이 당신의 목적을 드러내게 할 것입니다."

"그것 때문에 당신은 내가 보배의 사냥꾼이 될 것임을 아는 것입니까?"

"그렇지요. 그러나 당신이 창조된 목적에 따라 사는 자가 되기 전에 먼저 자유로워져야 합니다. 왜 당신은 그동안 울타리에 있는 저 구멍들을 통해 탈출하지 않았습니까?" 내가 물었다.

"제가 처음으로 보기 시작했을 때, 저는 울타리와 벽을 보았습니다. 또한, 저는 울타리에 있는 구멍들을 보고 그것들을 통해 나가기도 했습니다. 벽에 이르렀을 때 수차례나 기어오르려 했으나 저는 그 높이에 겁을 내자 두려움이 엄습하여 내 의지를 꺾어 버리고 말았습니다. 또 벽을 오른다 해도 총에 맞을 것이라고 생각했습니다."

"저 경비원들은 당신이 생각하는 만큼 잘 보지 못합니다."
내가 대답했다.

"그들은 여기 있는 사람들만큼 앞을 못 보는 소경입니다."

내 말은 스데반을 실제로 놀라게 한 것 같았으나, 이 말 또한 스데반의 눈을 훨씬 밝게 해 주었음을 말할 수 있다.

"당신은 벽 꼭대기를 볼 수 있습니까?" 내가 물었다.

"예, 저는 이곳에서도 볼 수 있습니다."

"이것을 꼭 기억했으면 합니다." 나는 계속 말했다.

"나는 여러 곳에 있었습니다. 원한다면 그곳들을 다른 세계 또는 다른 나라라고 불러도 좋아요. 아주 중요한 원칙이 있는데 이는 어느 곳에서도 진리가 되는 것임을 발견했지요. 이를 당신의 남은 인생동안 기억해야 합니다."

"그게 뭔가요?"

"당신은 언제든지 당신이 볼 수 있는 만큼 멀리 갈 수 있다는 것입니다. 만일 당신이 벽 꼭대기를 볼 수 있다면 당신은 거기에 도달할 수 있습니다. 벽 꼭대기에 도달할 때 당신은 지금까지 당신이 보았던 것보다 더 먼 곳을 볼 수 있을 것입니다. 당신이 멀리 보는 만큼 가야 합니다. 더 먼 곳을 보면서도 가는 것을 중단해서는 안됩니다."

"네, 이해합니다." 그가 즉각 대답했다.

"하지만, 아직도 벽을 오르는 것이 두렵습니다. 벽은 너무 높아요! 그것은 안전합니까?"

"나는 당신에게 거짓말을 하지 않을 것이기에 벽이 안전하다고 말하지는 않습니다만, 내가 아는 사실은 벽을 타지 않는 것이 오히려 더 위험하다는 것입니다. 만일 당신이 보이는 대로 전진하지 않고 당신의 보는 능력을 사용하지 않으면 당신은 그것을 상실하게 됩니다. 결과적으로 이곳에서 파멸할 것입니다."

"제가 떠나면 여기 있는 보배를 어떻게 찾아낼 수 있습니까?"

"그것은 좋은 질문이나 또한 그것 때문에 많은 사람이 자신의 목적을 이루지 못하지요. 내가 당신에게 지금 말할 수 있는 것은 당신에게는 먼저 이루어야 하는 순례길이 있다는 것입니다. 당신의 순례가 끝나면 당신은 내가 발견했던 것처럼 당신을 이 감옥으로 되돌아오게 하는 문을 발견하게 될 것입니다. 당신이 되돌아올 때 당신의 비전은 크게 향상되어 더 이상 이곳의 함정에 빠지지 않게 될 것입니다. 당신의 비전은 충분히 이곳의 보배를 발견할 수 있을 만큼 향상될 것입니다."

제8장

빛

스데반이 돌아서서 벽을 다시 바라보았다.
"저는 아직도 커다란 공포감을 느낍니다." 그가 한탄했다.
"제가 순례를 감당할 수 있을지 모르겠습니다."
"당신에겐 비전은 있으나 믿음이 부족하군요. 비전과 믿음은 함께 역사해야 합니다." 내가 말했다.
"당신의 믿음이 연약한 이유가 있습니다."
"제발 그것이 무엇인지 말씀해 주세요! 제 비전이 향상되고 믿음이 자라날 수 있도록 도움될 만한 것이 있습니까?"
"예, 믿음은 지혜가 실제로 누구인가를 알 때 생기는 것입니다. 당신은 그의 실명을 알아야 합니다. 단지 그의 실명을 아는 것만으로도 당신의 믿음이 저 벽을 넘어 자유를 찾는데 충분할 것입니다. 당신의 그의 이름을 더욱 알면 알수록 당신의 순례길에 나타날 장애와 방해물들을 이겨낼 수 있을 것입니다. 언젠가 그의 이름을 충분히 알게 될 때에는 어떠한 산도 옮길 수 있게 될 것입니다."

"그의 이름이 무엇인가요?"

스데반이 거의 애걸하다시피 물었다.

"그의 이름은 예수입니다."

스데반은 땅을 보더니, 곧 마치 불신이 그를 사로잡은 듯 허공을 쳐다보았다. 나는 그의 생각과 마음에 갈등이 일어나는 것을 보았다. 마침내 그는 나를 바라보았는데 나는 그의 눈에 아직 희망이 있음을 발견하고 안도의 한숨을 쉬었다. 나는 그가 그의 마음에 음성을 따른 것을 알게 되었다.

"저는 그를 의심했습니다." 그가 말했다.

"사실, 당신이 말하고 있는 동안 저는 내내 당신이 곧 그분에 대해 말할 것을 예상하고 있었지요. 또한 당신이 내게 진실을 말하고 있다는 것도 알고 있었어요. 그러나 몇 가지 의문이 있습니다. 질문을 드려도 되겠습니까?"

"물론입니다."

"저는 예수 이름을 사용하는 많은 사람을 알고 있지만 그들은 자유롭지 못합니다. 사실 그들은 제가 여기서 알고 있는 자들 중 가장 구속된 자들입니다. 왜 그렇습니까?"

"좋은 질문입니다. 나는 그동안 순례를 통해 배운 것으로 답변할 수 있을 뿐입니다. 모든 상황이 다르겠지만 그분의 이름을 알고 있으나 진실로 아는 사람이 많지 않기 때문입니다. 주님을 주님으로 보고 변화되고 그에게 가까이 가기는커녕 그들은 그들의 형상으로 주님을 믿으려고 하고 있습니다. 예수의 이름을 안다는 것은 철자적으로 어떻게 쓰고 또는 발음적으로 어떻게 부르느냐에 달린 것이 아닙니다. 이는 그분이 실제로 어떤 분이신가를 아는 것입니다. 여기에서 진실한 믿음이 오는 것입니다."

나는 스데반이 아직도 의심하고 있음을 볼 수 있었으나 그의 의심은 건설적인 것이었다. 불신하기 위해 의심하는 것이 아니라 오히려 더 믿고 싶어서 가지는 의혹이었다. 나는 계속 말했다.

"예수님을 진심으로 사랑하여 그분을 알기 시작하는 다른 자들이 있지만 아직도 죄수로서 남아 있습니다. 이러한 사람들은 순례의 길에서 입게 되는 상처나 실수로 뒤돌아서는 자들입니다. 이들은 자유를 맛보았으나 실망 또는 넘어짐으로 인해 다시 감옥으로 돌아가는 자들입니다. 그들은 미래에 대한 이야기보다 언제나 과거에 대한 이야기를 하기 때문에 당신은 그들을 쉽게 알아볼 수 있을 것입니다. 만일 그들이 계속 그들의 비전에 따라 전진했더라면 절대로 뒤돌아 보지 않았을 것입니다."

"사실 그런 자들을 많이 만나 보았습니다." 스데반이 언급했다.

"만일 당신이 이런 의혹에 답변을 얻기 원한다면 언제나 이해해야 할 것이 있습니다. 당신이 당신에게 주어진 길을 따르기를 원한다면 당신은 예수 이름을 사용하는 다른 사람들에게서 낙심 또는 용기를 얻어서는 안됩니다. 우리는 우리의 믿음을 주님의 백성에게 드리는 것이 아니라 오직 그분에게만 드려야 하기 때문입니다. 위대한 믿음의 사람들조차 우리를 실망시킬 때가 있는 것은 그들도 역시 인간이기 때문입니다. 내가 조금 전에 묘사한 자들 같은 많은 사람 역시 위대한 사람들이 될 수 있습니다. 비록 가장 커다란 낙심과 실망을 겪었을지라도 비전과 믿음은 회복될 수 있습니다. 당신은 보배의 사냥꾼인 만큼 이것이야말로 당신의 임무인 것입니다. 어떠한 사람도 버려질 수 없습니다. 그들 모두 주님께는 보배로운 존재이기 때문입니다. 그러나 주님을 진실로 알고 진실한 믿음 안에서 걷기를 원한다면 당신은 그의 백성의 좋고 나쁨을 보고 절대로 주님을 판단해서는 안 됩니다." 내가 말했다.

"저는 항상 예수님을 백인의 하나님으로 생각했습니다. 여태까지 그분은 우리를 위해 결코 많은 것을 하시지 않은 것 같았기 때문입니다."

"그분은 백인의 하나님이 아니십니다. 그분은 백인도 아니었어요! 물론 그는 흑인도 아니었지요. 그는 모두를 창조하셨고 그는 모든 것의 주(主)이십니다. 만일 당신이 하나님을 특정 그룹의 하나님으로 보기 시작한다면 그것은 하나님을 제한하는 것이며 따라서 당신의 비전도 크게 제한하게 되는 것입니다."

믿음과 복종

스데반이 마음속의 수많은 것과 씨름하고 있는 것을 나는 말없이 지켜 보았다. 나는 지혜의 임재를 계속 느낄 수 있었으며 나보다 그가 모든 일에 대해 더 자세히 설명할 수 있음을 알고 있었다. 결국 스데반은 예전보다 훨씬 광채 나는 눈으로 나를 쳐다보았다.

"나는 그동안 제가 씨름해 왔던 모든 질문들이 예수님이 누구이신가와는 관계없이 사람들이 말하는 예수에 대한 것이었음을 알게 되었습니다. 당신이 말하는 것은 모두 진실이라는 것도 압니다. 나는 예수님께서 나에게 비전을 주신 분이라는 것과 그가 바로 지혜라는 것도 압니다. 내 스스로 이제 그가 진실로 누구인지 찾아야 합니다. 나는 반드시 그분을 만나야 합니다. 나는 그분을 섬겨야 하겠습니다. 나는 또 그분이 당신을 이곳에 보내어 내가 새로이 시작할 수 있도록 하셨음을 압니다. 내가 이제 무엇을 해야 합니까?"

"지혜가 여기에 계십니다." 내가 말을 꺼냈다.

"사실 당신을 통해서 그분의 음성을 들었듯이 당신 역시 내가 말할 때 그의 음성을 들었습니다. 당신은 이미 그분의 음성을 알고 있습니다. 그는 당신의 스승이십니다. 그는 당신에게 각각 다른 사람들을 통해서 말씀하실 것이며 심지어는 주님을 모르는 사람들을 통해서도 당신에게 말씀하실 것입니다. 그분은 '듣기는 속히 하고 말하기는 더디 하라'고 말씀하십니다. 믿음과 순종은 같은 것입니다. 만일 당신이 순종하지 않으면 당신에게는 진실한 믿음이 없다는 것이며 만일 당신에게 진실한 믿음이 있다면 언제나 순종할 것입니다. 당신은 그분을 섬기겠다고 했습니다. 그것은 당신이 더 이상 스스로를 위해서 살지 않고 그분을 위해 살겠다는 뜻입니다. 지혜의 임재하심 가운데 당신은 언제나 무엇이 옳고 무엇이 그른가의 차이를 알게 될 것입니다. 당신이 지혜를 비로소 알게 될 때 당신은 또한 무엇이 악인지를 알게 될 것입니다. 지난 과거에 당신이 저지른 악한 일들을 이제는 청산하고 비록 미래에 이것들이 유혹할지라도 뿌리쳐야 합니다. 당신은 더 이상 다른 사람같이 살아서는 안됩니다. 당신은 십자가 군병으로 부르심을 입었습니다. 당신이 그의 이름과 진실로 그가 누구이심을 받아들인다면. 당신의 눈 속에 그 거대한 광채가 임한다면, 당신의 영혼에 조금 전과 같이 평화와 만족이 흐른다면 당신은 거듭나고 새로운 삶을 살게 될 것입니다. 지혜께서 당신에게 때에 따라 말씀하셨고 당신을 인도하시고 가르치셨지만 이제는 당신 안에 거하십니다. 이제 그는 더 이상 당신을 떠나지 않으실 것입니다. 그러나 주님이 당신의 종이 아니라 당신이 그의 종임을 상기하십시오."

"이제 그분을 느낄 수 있습니다!" 스데반이 비로소 깨닫고 말했다.

"하지만 얼마나 그분을 사랑해야 다시 볼 수 있습니까?"

"당신은 마음의 눈을 통해서 언제든지 그분을 볼 수 있습니다. 그분을 더 뚜렷하게 보고 또 그분께 더 가까이 가기 위해서 사실 당신을 부르신 것입니다. 이것이 바로 순례의 길에 대한 것입니다. 당신의 순례길을 통해 그의 이름과 십자가의 능력에 대해서 배우게 될 것입니다. 당신이 훈련을 거친 뒤 그 능력 안에서 이곳으로 돌아와 갇힌 자들이 자유를 얻도록 돕게 될 것입니다."

"그때에 당신도 여기에 계실 것인가요?"

"잘 모르겠군요. 때로는 이곳에서 할일이 있을 것이며 때로는 순례하는 다른 자들을 돕고 있을 것입니다. 당신이 가는 길에 반드시 당신을 만나게 될 것입니다. 나 역시 나의 길을 가고 있는 중이니까요. 우리의 만남 역시 순례의 일부분이지요. 당신의 길에는 통과해야 할 많은 문이 나타날 것입니다. 당신은 그 문들이 어떤 곳으로 인도할지 절대로 알 수 없습니다. 어떤 문들은 당신을 이곳으로 다시 이끌 것입니다. 다른 문들은 당신을 광야로 이끌어 그곳을 지나쳐야 할 것입니다. 어떤 문들은 당신을 영광의 천국의 체험으로 인도할 것이며 이러한 문들에 기대를 모으게 되겠지만 이러한 문들이 언제나 우리의 갈 길을 충족하기 위해 꼭 필요한 것은 아닙니다. 절대로 문들의 외형적인 모습에 따라 선택하지 마시고 언제나 지혜에게 도움을 간청하십시오."

스데반이 시선을 벽으로 돌렸다. 나는 재빠르게 그가 미소짓는 것을 볼 수 있었다.

"이제 저 벽을 오를 수 있습니다." 그가 말했다.

"이제는 그것 이상도 볼 수 있습니다. 솔직히 아직도 두려움이 있지만 더 이상 문제가 되지 않습니다. 나는 내가 저 벽을 오를 수 있음을 알고 있으며 벽 뒤에 무엇이 있는지 보고 싶어 더 이상 기다릴 수 없습니다. 나는 내가 자유롭다는 것을 압니다. 나는 더 이상 죄수가 아닙니다."

나는 스데반과 함께 첫 번째 울타리로 걸어갔다. 그런데 그는 그곳에 구멍뿐만 아니라 그가 만지는 곳마다 그의 손에서 부서져 내려 또 다른 구멍이 만들어지는 것을 보고 놀랐다.

"아니, 이 울타리는 무엇으로 만들어졌습니까?" 그가 물었다.

"미혹입니다." 내가 설명했다.

"누군가 이 울타리를 통해 도주할 때 다른 사람들도 갈 수 있도록 구멍이 만들어집니다. 당신은 이미 있는 구멍들을 통하거나 또는 새로운 구멍을 스스로 만들어 갈 수 있습니다."

스데반은 철조망이 두껍게 쳐진 곳을 정해서 그의 팔을 뻗쳐 그 안으로 쭉 걸어 들어가자, 커다란 구멍이 열리고 있었다. 나는 그가 언젠가 이곳으로 다시 돌아와서 다른 사람들도 지금 그가 만든 구멍을 통해 빠져나가게 할 것이라는 것을 알게 되었다. 그를 지켜보는 것은 완전한 기쁨이었다. 나는 지혜의 임재하심을 너무 강렬히 느끼기 시작했으며 만일 내가 돌아서기만 한다면 그를 볼 수 있다는 것을 알았다. 나는 그렇게 했고 내 생각은 옳았다.

내가 누리고 있는 커다란 기쁨이 또한, 그의 얼굴에도 나타나고 있었다.

제9장
자유

내가 지혜 옆에 서서 스데반이 울타리를 통해 걸어가는 것을 보고 있을 때 그가 소리쳐 물었다.
"이 벽은 무엇으로 만들어졌습니까?"
"두려움이지요."
나는 스데반이 걸음을 멈추고 벽을 바라보고 있음을 볼 수 있었다. 그 벽은 거대하였다. 수많은 사람이 울타리를 통과하지 못한 만큼 나는 스데반에게는 이 시험이야말로 결정적인 것임을 자각했다.
뒤돌아 보지도 않은 채 그는 다시 소리쳐 물었다. "내가 이 벽을 올라 가도록 도와주시겠습니까?"

"당신을 도울 수 없습니다." 내가 대답했다.

"만일 내가 당신을 도우려 한다면, 이 벽을 올라가는 것이 두 배의 일이 될 것이며 훨씬 힘들어지게 됩니다. 당신이 두려움을 정복하려면 홀로 부딪혀야 합니다."

"벽을 보면 볼수록 더욱 두려운데…." 나는 스데반이 스스로에게 하는 말을 들었다.

"스데반, 당신은 이미 첫 실수를 범했군요."

"제가 무엇을 하였습니까?" 이미 두려움에 찬 낙심한 목소리로 물었다.

"당신은 가는 길을 멈추었습니다."

"이제 어떻게 해야 합니까? 걸음이 너무 무거워 움직일 수 없을 것 같습니다."

"당신이 울타리에 만든 구멍을 보십시오." 내가 말했다.

"이제 벽 꼭대기를 보고 걷기 시작하십시오. 당신이 벽에 도달하더라도 계속 전진하십시오. 쉬려고 멈추지 마십시오. 저 벽 다른 편에 도달할 때 비로소 안식할 수 있고 여기에는 쉴 곳이 없으니 꼭대기에 이를 때까지 계속 벽을 타고 올라가십시오."

정말 다행스럽게도 그가 다시 앞으로 전진하기 시작했다. 그는 훨씬 느리게 움직였으나 앞으로 나아가고 있었다. 그는 벽에 도달하자 느리지만 확고하게 벽을 타기 시작했다. 그가 해낼 수 있다고 알게 되었을 때, 나 역시 벽으로 가 반대편에서 그를 만나기 위해 서둘러 벽을 타고 올라갔다.

나는 스데반에게 갈증이 일어날 것을 알고 물가 옆에서 그를 기다렸다. 그가 그곳에 당도하였을 때 그는 나를 보고 약간 놀란 듯했으나 매우 기뻐하였다. 나 역시 그에게 일어난 변화를 보고 놀랐다. 그의 눈이 전보다 훨씬 밝게 빛을 발하고 투명했을 뿐 아니라 자신감과 위엄을 가지고 걷는 모습은 신선한 충격이었다. 누구나 마땅히 위대한 왕자의 모습으로 보이는 그를 나는 십자가의 군병으로 보았다.

"말해 보십시오." 내가 말했다.

"다시 걷는 것이 매우 힘들었지만 계속해서 걸었는데 이는 내가 만일 멈추기라도 했다면 다시 시작하기는 더욱 힘들었을 것이란 사실을 알았기 때문입니다. 순간 당신이 나에게 말해 준 사람들처럼 주님의 이름을 알았으나 한 번도 그의 이름을 믿는 믿음으로 벽을 타고 올라간 사람이 없다는 것을 생각했습니다. 나도 그런 사람이 될 수 있다는 것을 알았습니다. 그래서 다짐하기를 만일 벽을 타다가 떨어지거나 심지어 죽기라도 할지라도 나는 차라리 감옥에서 죽는 것보다 낫다고 생각했습니다. 벽 다른 편에 무엇이 있는지도 보지 못하고 제가 부름 받은 대로 길을 가지도 못할 바에야 차라리 죽는 편이 낫다고 생각했습니다. 그것은 내가 생각했던 것보다 훨씬 어려웠지만 그만한 가치가 있었습니다."

"여기 샘물이 있으니 마시십시오. 당신은 가야 할 길에서 필요한 모든 물과 양식을 얻게 될 것입니다. 그것들은 당신이 정말 필요로 할 때 그 길에 있을 것입니다. 배고픔과 목마름이 당신을 계속 전진하게 할 것입니다. 당신을 쉬게 할 곳을 찾게 되면 그곳에서 충분히 휴식을 취한 뒤 다시 전진하십시오."

그는 단숨에 물을 들이키고 나서 그 자리에 일어나 길을 떠날 의지를 강하게 표명하였다.

"이제 앞으로 당신을 한동안 보지 못하게 될 텐데 당신의 가는 길에 도움이 될 만한 필요한 것들을 말해 드리겠습니다."

스데반은 놀랄 만하게 똑바로 그리고 밝은 눈으로 나를 주시하였다. 가장 큰 속박을 겪었던 자들이야말로 누구보다 더욱 자유를 사랑할 것이라고 생각했다. 나는 현재 우리가 볼 수 있는 가장 높은 산을 바라볼 것을 권유하였다.

"당신은 이제 저 산에 오를 수 있습니다. 정상에 이르면 당신이 볼 수 있는 가장 먼 곳을 바라보십시오. 잘 기억하였다가 당신이 전진할 때 그곳으로 인도하는 길을 찾아보십시오. 당신 마음에 그 길로 인도하는 지도를 그려야 합니다. 그곳이야말로 바로 당신이 부름 받아 가야 할 곳이기 때문입니다."

"알겠습니다." 그가 답했다.

"그런데 여기의 낮은 산에서도 보입니까? 이제는 더 이상 산에 오르는 것에 두려움은 없고 가야 할 길을 하루속히 가고 싶은 마음뿐 입니다."

"이 낮은 산들 속에서도 당신은 여러 장소를 볼 수 있고 또 그곳에 예전보다 훨씬 빠르게 당도할 수 있습니다. 당신에게는 선택할 수 있는 자유가 있습니다. 높은 산을 오르는 것은 보다 더 멀고 힘들지만 높으면 높을수록 당신은 더 멀리 그리고 더 큰 일들을 볼 수 있습니다. 높은 산을 거치는 길은 더 멀고 어렵습니다. 어떠한 길을 택하든지 당신은 자유롭게 선택할 수 있습니다."

"당신은 항상 가장 높은 산을 택하셨죠?" 스데반이 물었다.

"지금은 그것이 최상의 선택이라는 것을 알지만 내가 언제나 가장 높은 산을 선택했다고 말하지 못합니다. 저도 자주 쉽고 빠른 길을 택했으며 그것 때문에 언제나 후회했습니다. 이제는 가장 높은 산에 오르는 것을 선택하는 것이 지혜로운 선택이라는 확실히 믿습니다. 가장 큰 보배는 언제나 가장 멀고 힘든 길의 막바지에 있다는 것을 이제는 압니다. 당신 역시 그러한 보배를 캐내야 한다고 생각합니다. 당신은 이미 큰 두려움을 이겨내었습니다. 이제는 큰 믿음 안에서 전진해야 할 때입니다."

"당신의 말씀이 진실임을 알고 나의 마음에서도 지금이야말로 가장 높은 산으로 올라야 하며 그렇지 않으면 충분히 가질 수 있는 것보다 훨씬 적을 것을 택하고 말 것이라는 사실을 압니다. 이제는 나의 목적지에 도착하기 위해 전진하기를 열망할 뿐입니다."

"믿음과 인내는 함께합니다." 내가 대답했다.

"인내치 못하는 것이야말로 부족한 믿음의 대표적인 것입니다. 인내 없이는 절대로 하나님의 가장 높은 목적에 도달하지 못할 것입니다. 이익을 찾는 것이 최상에 이르지 못하게 하는 가장 큰 적이 될 수 있습니다. 이제는 당신의 인생에 가장 높고 소중한 것을 택할 줄 아는 습관을 들여야 합니다."

"제가 떠나기 전에 더 해 주실 말씀이 있습니까?"

이미 그는 길을 떠나기 전 필요한 모든 것을 알겠다는 각오로 현명하게 인내하며 무엇이든지 받겠다는 각오로 바위 위에 앉아 질문했다. 나는 스데반이 내가 지혜를 아는 것보다 훨씬 더 그분을 알지도 모르겠다고 생각했다.

경고

"하나님의 지혜가 아닌 또 다른 지혜가 있습니다. 자신을 스스로 '지혜'라고 부르는 자가 있습니다. 그는 진실로 지혜가 아닙니다. 바로 우리의 대적입니다. 그는 지혜로 가장하고 그런 일에 능숙하기 때문에 그를 알아보기란 매우 힘듭니다. 그는 광명의 천사로 오기도 하며 때로는 종종 진리를 제시하기도 합니다. 그는 진리의 모습을 하기도 하고 지혜도 있어서 하나님의 진리와 지혜를 구별하는 데 오랜 세월이 걸렸습니다. 또 아직도 내가 할 수 없다고 생각하는 순간부터 그는 나를 골탕먹일 수 있다는 것을 그동안의 경험으로 배웠습니다. 지혜가 나에게 말하기를 우리가 우리의 원수보다 더 교활할 수 없는 만큼 우리의 최상의 방어는 첫째 어떻게 그를 알아보는 것이며 그 뒤 그를 대적해야 한다는 것입니다."

스데반은 이러한 '지식'을 얻게 되자 눈을 크게 떴다. "당신이 말하는 자가 누군지 압니다!" 낙심에 찬 목소리로 말했다.

"감옥에서 그런 자를 따른 수많은 사람을 만나 봤습니다. 그들은 언제나 보다 더 높은 지혜, 더 큰 지식에 대해서 언급하곤 했습니다. 언제나 그들은 고귀하고 공평한 사람처럼 보였지만 그들은 부정을 저질렀습니다. 제가 그들에게 진리의 '지혜'에 대해서 언급할 때마다 그들 역시 '지혜'를 알고 있을 뿐 아니라 지혜가 그들의 '마음속의 인도자'라고 했습니다. 그러나 내가 그들의 말을 듣고 있노라면 그들이 말하는 것처럼 자유로 가는 것 같지 않았고 오히려 더욱 감옥 안에서 구속당하고 있다는 느낌을 받았습니다. 그들 주위에는 내가 지혜와 대화할 때 느꼈던 빛보다는 어둠을 느꼈습니다. 저는 그들이 진실한 지혜가 아님을 알았습니다."

"진실한 지혜는 예수님이십니다. 이제 당신은 그 사실을 압니다. 참된 지혜는 그를 찾는 것입니다. 주님께 인도하지 않는 지혜는 거짓 지혜입니다. 예수님은 언제나 당신을 자유롭게 하실 것입니다. 거짓 '지혜'는 언제나 당신을 더욱 속박할 것입니다. 그러나 참된 자유는 처음에는 속박처럼 보일 때가 많은 것 같이 속박 역시 처음에는 자유처럼 보입니다."

"쉬운 일이 아니겠군요. 그렇지요?" 스데반이 한탄했다.

"아닙니다. 쉬울 것 같지 않고 또 쉬워서도 안 됩니다. 의구심은 참된 분별력이 아니지만, 당신이 만일 모든 일에 의심이 간다면 먼저 쉽게 보이는 것에 의심을 하십시오. 나도 아직 옳은 길 또는 문을 들어설 때마다 쉽게 보이는 길과 문을 통과해 본 적이 없습니다. 쉬운 길을 택하는 것은 잘못 인도되는 가장 확실한 길입니다. 당신은 군사로 부름 받은 만큼 싸움을 앞두고 있습니다. 현재 세상은 거짓 '지혜'의 세력 아래 놓여 있고 당신의 길을 가기 위해선 세상을 이겨내야 합니다."

"이미 예전해 했던 힘든 일들보다 더욱 어려운 것들을 해내고 있습니다." 스데반이 회상하였다.

"그러나 당신 말이 옳습니다. 그것들은 힘들지만 가치가 있었습니다. 지금까지 겪어 보지 못했던 기쁨, 만족 그리고 소망을 체험했습니다. 자유는 어려운 것입니다. 마찬가지로 어떠한 산을 올라야 할지 선택하는 것도 매우 힘든 일입니다. 감옥에 있을 때 저는 벽을 타지 않는 결정을 내릴 수 있었음을 압니다. 저는 그러한 결정을 내리도록 만든 두려움이 마치 내 안에서 벽이 되고 있음을 느꼈습니다. 그러나 제가 무엇을 택할 것인가 결정했을 때엔, 내가 정상에 오를 수 있을 것을 알게 되었습니다. 하지만 언제나 이렇게 쉽지는 않겠지요?"

"그렇다고 생각하지 않습니다. 그러나 어떤 면에서 '어려움'이란 더 많은 것을 충족시킵니다. 전투 없이는 승리가 있을 수 없으며 치열한 전투일수록 더 큰 승리를 얻게 되는 것입니다. 당신이 보다 많은 승리를 체험할수록, 더 많은 전투를 기대하게 되고 더 큰 전투를 감당할 수 있도록 당신은 훨씬 더 굳게 일어서게 됩니다. 이렇게 쉽게 승리하는 원인은 주님께서 언제나 우리를 승리의 길로 인도하시기 때문입니다. 당신이 주님께 가까이 있을수록 결코 패하지 않을 것입니다. 모든 전투를 거친 뒤, 각종 시험을 겪은 뒤 당신은 보다 더 주님께 가까워질 것이며 그분을 훨씬 더 많이 알게 될 것입니다."

"거짓 '지혜'가 저를 잘못된 길로 인도할 때마다 어둠을 느낄 수 있겠습니까?"

"모르겠습니다. 제가 아는 바로는 어둠은 우리가 스스로를 위해 추구하도록 거짓 '지혜'가 속일 때 임한다는 것입니다. 거짓 지혜가 최초의 남자와 여자를 선악을 알게 하는 나무의 열매를 따 먹도록 속였을 때 그들이 처음으로 한 일이 그들 자신을 바라보았다는 것입니다. 거짓 '지혜'가 우리를 자기 중심적으로 만들 때 자유를 상실하고 속박되는 것은 확실합니다. 속이는 자는 당신이 언제나 자기 중심적이 되도록 힘씁니다. 우리에게 주어진 길을 가도록 하나님이 불러 주심은 우리를 위함이 아니오, 하나님과 그의 백성을 위해서입니다."

"속지 않고 자신의 갈 길을 다 간 사람들이 있습니까?"

"내 생각에는 그렇지 않았을 것입니다. 심지어는 위대한 사도 바울조차 사탄에게 속았음을 인정했습니다. 성경에는 베드로 역시 몇 차례에 걸쳐 넘어졌다는 것이 기록되어 있는데 우리로서는 기록되지 않은 다른 사례들이 얼마나 많았는지 알 수 없습니다. 그러나, 속임수에 넘어지는 것에 대해 지나치게 신경 쓰지 마십시오. 사실은 그것이야말로 사탄의 가장 큰 함정 중 하나입니다. 많은 사람이 모든 진실로 인도하는 성령의 권능 안에서 믿음을 가지게 될 때, 사탄은 자신의 능력 안에서 그들을 현혹시켜 더 많은 두려움을 느끼게 함으로 그 믿음에서 벗어나게 하였습니다. 함정에 빠졌던 자들은 더 큰 두려움의 속박에 얽매이게 될 뿐 아니라, 믿음이 주는 자유 안에서 행하는 사람들 누구를 막론하고 공격할 것입니다. 나는 당신이 저 산 정상에 멀리 올라가기 전 그들에게 공격당할 것을 거의 확신합니다."

"그럼, 그들이 예수 이름을 알고 있습니까?" 스데반이 약간 혼돈스러워 물었다.

"그들도 저 벽을 넘어 그렇게 멀리 간 것을 보면 예수의 이름을 알고 있는 듯 합니다. 제 말은, 실제로 그들이 예수의 이름을 한번이라도 제대로 알지 못했을까요?"

"분명히 그들이 알았을 것이라고 생각합니다. 그러나 일어서서 모든 산 주변 앞의 계곡 너머를 바라보십시오. 무엇이 보입니까?"

"작은 감옥들 같은 것이 보입니다. 제가 막 나온 그곳과 같은 감옥들이 많이 있는 것 같습니다."

"바로 그것 때문에 당신이 지혜가 당신에게 이곳이 유일한 감옥이라고 가르쳐 주었다 했을 때 내가 놀랐습니다. 그러나 잠시 후 저는 그분이 무엇을 말씀하셨는지 그 뜻을 깨닫게 되었습니다. 높은 벽들을 보십시오. 울타리들도 바라보십시오. 그것들은 모두 같은 것입니다. 만일 당신이 길을 가다가 사로잡힌 바 된다면 당신은 절대로 이곳으로 올 수 없었을 것입니다. 또한,

당신이 벽을 타지 못할 바에는 차라리 죽음을 택할 것이라는 사실도 알고 있기 때문에 당신을 다른 감옥으로 인도할 것입니다. 저 벽에 가까이 갈수록 바깥에서는 그것이 감옥으로 보이기가 힘들지만 내부적으로는 스스로의 두려움이 초래한 분열과 구속으로 갇힌 사람들이 있는 다 같은 장소이지요."

"당신이 제게 그것들을 보여 주셔서 기쁩니다." 스데반이 말했다.

"저는 벽 꼭대기에서 이 길을 바라볼 때에도 그리고 제가 올라야 할 산을 찾을 때에도 감옥을 바로 보지 못했습니다. 그런데 당신은 저를 사로잡아 감옥에 처넣으려는 자들의 공격을 받게 될 것이라고 하십니까? 또한, 그자들이 예수님의 이름을 사용할 것이라고요?"

"주님께서는 스스로 성경에 경고하시기를 마지막 때에는 많은 사람이 그의 이름으로 올 것이며 스스로 그리스도임을 자처하고 수많은 사람을 속일 것이라고 했습니다. 내 말을 믿으세요. 수많은 자가 그들 스스로는 속이는 자라고 생각하지 않으면서도 사람들을 속이는 일에 앞장설 것입니다. 내가 그동안 만난 자들의 특징을 말해 줄 수 있습니다. 그들은 모두 가야 할 길을 중단하여 목적지에 도달하지 못한 자들입니다. 계속 전진하는 것은 믿음을 요구하는데 그들은 믿음보다는 두려움에 따라 선택한 자들입니다. 그리하여 그들은 두려움이 믿음이라고 믿기 시작하여 현재는 그들이 갇혀 있는 감옥을 둘러싸고 있는 두려움의 벽을 진리의 요새로 보고 있는 실정입니다. 두려움은 그렇게 당신의 비전을 흐리게 함으로 당신이 그런 잘못된 길을 요새로도 보이도록 합니다. 그들 중 적은 무리만이 실제로 부정직한 자입니다. 그들은 대부분 신실하였지만 모든 낙심 중 가장 강력한 '두려운 낙심'에 넘어지고 말았습니다."

"제가 그들을 대적해야 합니까?"

"나도 당신같이 그런 질문을 스스로 수없이 해 왔기 때문에 당신의 심정을 이해합니다. 그들은 수많은 사람의 믿음을 무너뜨렸을 뿐 아니라 모든 종교와 각종 종파 모두가 주는 피해가 더 큰 해를 나그네들에게 입혔습니다. 언젠가 그러한 방해물들이 제거될 때가 있을 것이지만 현재로서는 그들은 가야 할 길을 더욱 어렵게 함으로 하나님의 목적에 따라 쓰임을 받고 있는 것입니다."

"지혜께서 그 길이 더 어려워지기를 원하십니까? 사실 우리 자신의 두려움을 극복하는 것조차 힘든 것인데요. 왜 그분은 어려움을 허락하셔서 이러한 무서운 사람들과 투쟁하게 하는 것입니까?"

"우리의 길은 정확하게 주님께서 원하시는 만큼 쉬운 길 또는 어려운 길이어야 합니다. 인생길은 다가올 시대에 주님과 함께 영원히 가장 높은 하나님의 아들과 딸로서 왕 노릇할 자들을 준비하기 위한 잠시의 나그넷길입니다. 모든 시험은 우리를 그분의 형상으로 바꾸기 위한 목적으로 주어지는 것입니다. 우리가 이 나그넷길에서 반드시 배워야 할 우선적인 것은 하나의 시험도 결코 헛되지 않으며 오히려 그것을 기회로 포착해야 한다는 것입니다. 만일 당신의 길이 더 힘든 것이라면 그것은 당신의 부르심이 더 고귀하기 때문입니다."

훈련의 필요성

"부름을 받은 자는 많으나 택함을 입은 자는 적도다. 많은 자가 혼인 잔치에 올 것이나 신부가 될 자들은 적을 것이로다."

우리는 뒤에 서 계시는 지혜를 보기 위해 몸을 돌렸다. 스데반이 처음 알게 되었던 것과 같이 젊은 운동선수의 모습으로 나타나셨다.

"너희 앞에 놓여 있는 경주를 할 것이며 그리하면 너희의 상이 지금 너희가 상상하는 것보다 더 클 것이다. 너희는 경주를 위해선 훈련이 필요하다는 것을 알고 있다. 이제 의를 위하여 스스로 훈련할지어다. 나는 달음질을 위해 불렀건만 극소수만

이 승리 하는도다. 승리를 위해 훈련하라."

그리고 그는 떠났다.

"그는 왜 떠났습니까?" 스데반이 물었다.

"그는 지금 필요한 것들을 말했습니다. 그분은 당신께 훈련에 대해서 말씀하셨지요. 나는 지금으로선 그 말이야말로 당신에게 가장 중요한 것으로 여겨집니다."

"훈련. 제가 제일 싫어하는 단어입니다!"

"그는 당신께 경주에 대해 말씀하셨습니다. 당신은 달리기 선수였습니까?"

"예, 저는 빠릅니다. 저는 학교에서 가장 빨랐고 여러 대학에서 달리기 선수로 장학금을 주겠다는 제의도 받았었습니다."

"그 말은 당신이 그 제의를 받지 않았다고 들립니다."

"받아들이지 않았습니다."

"당신이 대학에 가지 않은 이유가 훈련 부족 때문입니까?"

"아니오! 그것은…." 스데반이 자신의 발을 내려보는 동안 긴 침묵의 시간이 흘렀다.

"예, 아마도 그 때문이었던 것 같습니다."

"이젠 그것에 대해 더 걱정하지 마십시오. 그러나 당신이 꼭 이해해야 할 것이 있습니다. 누구든지 각 분야 또는 직업에서 가장 높은 지위에 있는 사람들은 한 가지를 굳게 간직했기 때문에 큰 것을 소유할 수 있었습니다. 그것이 훈련입니다. 지금 당신에게 주어진 것은 육상 트랙이나 학교보다 훨씬 중요한 것입니다. 보아하니 당신은 훈련에 약한 관계로 값비싼 대가를 지불했군요. 그러나 주님 안에서 모든 것이 새롭습니다. 그분 안에서 당신의 가장 약한 것이 가장 강한 것으로 바뀌어 집니다. 이제 당신의 그분의 제자입니다. 그것은 이미 당신이 '훈련받은 자' 중 한 사람이란 뜻입니다."

"당신이 진실을 말씀하고 계신다는 것과 지금 나에게 주어진 경주는 절대로 질 수 없다는 것을 압니다."

"저 산 위로 인도하는 길을 볼 수 있습니까?"

"예."

"그 길 이름이 훈련입니다. 당신이 산꼭대기 정상에 오르기를 원한다면 길에서 벗어나지 마십시오."

제10장
군대

갑자기 나는 높은 산 위에 서서 거대한 평지를 내려다보고 있었다. 내 앞에는 넓게 늘어선 군대가 행군하고 있었다. 거기에는 12사단들의 선봉들이 그 뒤를 따르는 다수의 군인 사이에서 눈에 띄었다. 그 12사단들은 내가 생각하기로 연대, 대대, 보병중대, 그리고 분대로 더 나누어 있는 듯했다. 그 12사단들은 깃발로 구분이 되어 있었다.

대대, 보병중대, 그리고 분대들은 견대, 혹은 군복의 견장들로 구분이 되어 있었다. 모두 광채 나는 은으로 된 갑옷과 투구를 입고 금으로 보이는 방패와 은과 금으로 만든 무기들을 소유하고 있었다. 깃발들은 가로와 세로로 30과 40피트로 되는 큰 것들이었다. 군사들이 행군할 때 그들의 갑옷과 투구, 그리고 무기들은 햇빛에 반사되어 번개같이 보였고 펄럭이는 깃발들과 행군하고 있는 군사들의 발걸음 소리는 마치 천둥소리와 같았다. 내 생각으로는 역사상 이런 광경을 아무도 목격하지 못했을 것 같았다.

그 후에, 나는 그들의 얼굴을 볼 수 있을 만큼 그들과 가까워졌다. 다양한 인종의 남녀노소들이었다. 그들의 얼굴에는 맹렬한 결심이 드러나 있었으나 긴장되어 보이진 않았다. 전장의 분위기가 맴돌고 있었으나 전투를 위하여 행군하는 자들의 얼굴에는 일체의 두려움이 보이지 않았고 오히려 깊은 평온함을 느낄 수 있었다. 내가 그들에게 가까울수록 느낀 영적 분위기는 그들의 모습만큼 대단했다.

나는 그들의 군복을 보았다. 찬란한 색상이었다. 모든 군사는 계급을 나타내는 계급장과 훈장을 달고 있었다. 장군들과 고위 지휘관들은 다른 자들과 함께 대오를 이루어 행군했다. 고급 장교들이 책임자임은 분명했지만 어느 누구도 계급에는 신경 쓰지 않는 듯했다. 가장 높은 고위급 장교로부터 일반 사병에 이르기까지 모두 가까운 친구같이 보였다. 유례없는 훈련을 받은 군대같이 보이면서도 한편으론 대가족같이 보이기도 했다.

내가 눈여겨 본 바로 그들은 이기심이 없어 보였다. 이는 그들의 개성이 부족하기 때문이 아니라 그들 스스로가 누구이며 무엇을 하고 있는지 확신하고 있기 때문이었다. 그들은 자기만족으로 도취되거나 누군가에게 인정받으려고 하지 않았다. 나는 그들에게서 계급으로 인한 야망이나 교만을 느낄 수 없었다. 나는 각각 독특함을 가지고 있음에도 불구하고 그러한 조화와 정확한 행보로 진군하는 것을 보고 놀라고 말았다. 역사상 이런 군대가 존재하지 않았을 것이라는 확신을 가졌다.

그 후에, 나는 선봉대 뒤에 수백만의 사단들로 형성된 엄청난 무리를 보고 있었다. 각 사단은 각각 숫자가 달랐으며 사단들은 아무리 적어도 약 2천여 명으로 구성되었고 또한 수십만에 이르는 것도 보았다. 비록 이들이 첫 번째 군대같이 강하거나 찬란하게 보이진 않았지만 단순히 그 숫자만으로도 웅장함을 보여 주었다. 이 무리 역시 깃발이 있었으나 첫 번 무리같이 거대하거나 또는 강렬한 인상을 주지는 않았다. 그들 모두 군복을 입고 계급을 나타내고 있었으나 나는 이들 중 상당수가 갑옷과 무기를 제대로 갖추지 않았으며 또한 먼저 무리가 소유하고 있던 것처럼 광채를 발하지 않았다.

이들의 행렬을 유심히 보면 볼수록 나는 이들 모두가 투철한 각오와 목적이 있는 것 같이 보였으나 첫 무리처럼 초점이 뚜렷하게 보이지 않았다. 이들은 자신들의 계급과 주위 사람들의 계급을 상당히 의식하는 듯했다. 나는 그것이야말로 그들의 초점을 흐리게 하는 방해 요소임을 알아차렸다. 또한 나는 각 계급층 간에 야심과 질투를 느낄 수 있었고 이것은 말할 필요도 없이 시선을 다른 곳에 빼앗기는 요소가 되었다. 그럼에도 불구하고 난 이 두 번째 사단이 지구 상 어떤 군대보다 꽤 높은 헌신과 목적을 가진 것으로 느껴졌다. 이들 역시 매우 강력한 군대였다.

이 둘째 사단 뒤에 세 번째 사단이 행군하였는데 앞선 두 사단과는 너무도 먼 거리에 떨어져 있어 내가 보기엔 그들을 앞선 사단도 보지 못할 것 같았다. 이 무리는 첫 번째 사단과 두 번째 사단을 다 합한 숫자의 수 배나 되는 수백만으로 구성된 것으로 보였다. 그런데 멀리서 보더라도 이 군대는 마치 수많은 무리의 새 떼처럼 제각기 다른 방향으로 움직이고 있었으며 오랫동안 앞으로 전진하지 못하고 있었다. 이렇게 잘못된 방향으로 움직이고 있었기 때문에 첫 두 사단과 더욱 멀어지고 있었다.

그들에게 가까워질수록 나는 이들이 한 번도 세탁했거나 또는 다림질하지 않은 것 같이 보이는 더럽고 누더기 같은 회색 군복을 입고 있음을 보았다. 거의 모두가 상처를 입고 피투성이가 되어 있었다. 그중 소수만 행군을 시도하고 있었으나 대부분이 가고 있는 방향으로 막연하게 전진하고 있었다. 그러나 그들의 대오는 끊임없는 다툼으로 중단되고 부상자가 속출하고 있었다. 일부 군사들은 낡아빠진 깃발을 가까이하며 행진을 하려 했다. 그렇지만, 깃발 근처에 있는 군사들도 이 깃발과 저 깃발 사이를 끊임없이 맴돌고 있었기에 소속이 불분명하였다.

나는 이 세 번째 군대에 오로지 두 계급으로 분류되고 있음을 보고 놀랐다. 그들은 장군과 사병이었다. 극히 일부분만이 갑옷을 착용했으며 나는 모조품에 불과한 무기를 소지한 장군들 외에는 이렇다 할 무기를 소지한 자를 보지 못했다. 장군들은 너무나도 뚜렷한 가짜 무기를 휘두르며 마치 이것을 소지한 것이 특별하게 하는 것 같이 과시했는데 그것이 쓸모없는 것이라고 말하는 사람들이 없었다. 또한, 행진하는 자들은 간절하게 따를 수 있는 실체를 원하고 있음이 너무도 뚜렷하게 보여 안타까움을 주었다.

장군들을 제외하면 그들에게는 이렇다 할 야심이 없는 것 같았다. 그 이유는, 첫 사단과 같이 이기주의 때문은 아니지만, 그들에게는 너무도 적은 관심 때문이었다. 이 무리에게서 보이는 혼돈을 보고 나는 차라리 두 번째 무리에게 있었던 적은 야심이 오히려 나을 것이라고 생각했다. 이 무리의 장군들은 깃발주위에 모인 소수의 군인과 같이 스스로 뽐내고 동료와 다투는 데 더 노력하는 것으로 보였다. 나는 이들이 대오를 제대로 갖추지도 못한 채 전투에 임하는 원인은 그동안 모두가 우왕좌왕하며 잘못된 방향으로 나아갔기 때문인 것을 알게 되었다.

나는 수백만에 이르는 이 마지막 무리를 보면서 그들의 무수한 숫자에도 불구하고 군대를 강하게 하기는커녕 오히려 약화시키고 있음을 느꼈다. 그들은 실전에서 도움이 되기보다 해가 될 것이 분명했다. 이들에게 군량을 제공하는 것보다는 차라리 군대의 전투력을 향상시키기 위한 다른 시도를 하는 것이 훨씬 자원낭비를 막는 것일 것이다. 나는 첫 번째 그리고 두 번째 사단에 소속된 사병이 이 세 번째 사단의 장군보다 훨씬 더 가치가 있는 자들일 것이라고 생각했다. 나는 무슨 이유로 첫 두 사단이 그들의 후방에 이 같은 무리가 뒤따르도록 했는지 이해가 되지 않았다. 그들은 분명 진정한 군인은 아니었다.

십보라의 지혜

나는 갑자기 산 위에서 전군(全軍)을 한눈에 볼 수 있었다. 나는 그들을 보면서 군대가 직면한 평지가 건조하며 먼지가 많은 것을 발견했는데 선봉대인 12사단이 지나간 땅은 짙은 녹색을 띠고 나무들은 그늘을 주며 열매가 무성했으며 청아한 시내가 그 땅에 흐르는 것을 보았다. 이 군대는 땅을 회복시키고 있었다. 나는 이 광경을 보고 이들 군대가 지나간 것과 세상의 군대가 그 땅을 지나가는 것이 얼마나 판이하게 다른가를 생각해 보았다. 세상의 군대는 어느 곳이든 행진하는 곳마다 약탈을 일삼았을 것이다.

나는 두 번째 무리가 같은 지역으로 지나는 것을 보았다. 그들은 많은 다리와 건물을 남겼으나 땅은 그들이 지나기 전과 같이 원만치 못했다. 풀은 전처럼 푸르지 못했고 시내도 진흙탕이 되었으며 그들은 수많은 과실을 취해갔다.

곧바로 나는 세 번째 무리가 역시 같은 지역을 지나는 것을 보았다. 풀들은 뽑혔거나 짓밟혀 찾아보기 힘들 지경이었다. 남아있는 몇 그루의 나무들은 앙상한 모습을 띠고 있었다. 시내는 완전히 오염되었다. 다리들은 무너져 더 이상 건널 수 없게 되었다. 건물들은 수라장이 되었다. 이 세 번째 무리는 먼저 두 무리가 해 놓은 것을 다 무너뜨려 버렸다. 그들을 바라보면서 내 속에서는 분노가 치밀어 올랐다.

나는 지혜가 내 곁에 서 있다는 것을 느꼈다. 그는 오랫동안 아무 말씀을 하지 않으셨으나 나는 그 역시 분노하고 계심을 느낄 수 있었다.

"이기주의가 멸망케 한다." 그는 드디어 말했다.

"나는 생명을 주고 또한 풍성하게 주려 왔다. 비록 나의 군대가 성숙함을 얻을지라도 많은 자가 나의 이름을 부르고 나를 따른다고 하지만 그들은 나를 알지 못하고 나의 길을 걷지 않는 자들이다. 이들은 나를 따르는 자들의 열매를 파괴하는 자들이다. 이것 때문에 세상은 나의 백성이 그들에게 축복이 되는지 저주가 되는지 모르는 것이다."

지혜가 이렇게 말씀하실 때 나는 그에게서 분출되는 엄청난 열을 느낄 수 있었으며 갈수록 증가되어 고통이 극도에 이르자 그가 무슨 말을 하시는지 집중하기 어려웠다. 그렇지만 나 역시 그가 느끼는 것을 내 안에서 느끼고 있으며 이것이야말로 그가 내게 전하려 하는 메시지의 중요한 일부분임을 알 수 있었다. 그 고통은 세상을 향한 동정심과 이 군대의 이기심에 대한 분노가 결합된 결과이다. 두 가지의 감정은 매우 강하여 나는 내 안에서 발생하는 것으로 생각하기에 이르렀다.

예수님의 분노가 계속 증가하고 있을 때 나는 그분이 전군을 섬멸하실 것 같이 느꼈다. 순간 나는 하나님의 뜻에 순종하여 애굽으로 향하던 모세를 하나님께서 어떻게 만나 주셨는지 기억했다. 하나님은 모세의 아내 십보라가 그들의 아들에게 할례를 행할 때까지 모세를 죽음의 위기에 처하도록 두셨다. 나는 이제까지 그 의미를 이해하지 못했었다. 할례가 육적인 것, 즉 육적인 본성을 제거하는 것인 만큼 모세의 사건은 마치 엘리 제사장이 그의 아들들을 제대로 훈계하지 못한 이유로 그의 가정은 물론 이스라엘이 패망하게 되는 저주가 임했던 것과 같은 양상을 띠고 있었다.

"주여, 십보라의 지혜를 가진 자들을 일으키소서!" 나는 울부짖었다.

이 같은 마음이 계속 불타오르면서 나는 이 대군의 지휘관들에게 가서 십보라의 이야기를 해주고 주님의 군대는 모두 마음의 할례를 받아야 한다는 것을 일러주고 싶은 마음을 가졌다. 육적인 본성은 제거되어야만 한다. 나는 그들이 만일 이러한 과정을 거치지 않고 떠난다면 마치 모세가 애굽으로 돌아가려 했을 때 그를 거의 죽이려 했던 주님께서 스스로 이 대군을 전멸시킬 위험에 처해 있음을 알았다.

곧 난 심판의 자리 앞에 서 있었다. 주님께서는 지혜로서 나타나셨으나 내가 여태까지 본 적 없는 무서운 모습을 하고 계셨으며 그의 말씀은 어느 때보다 더 무게 있게 들렸다.

"너는 네 마음으로 이미 수차례에 걸쳐 이 군대를 보았다. 앞으로 내가 위임하는 지휘자들이 군대를 이끌어 갈 것이다. 이 많은 지휘자를 너에게 보낸다. 너는 그들에게 무엇을 말하겠느냐?"

"주님, 이 군대는 위대합니다만 저는 아직도 세 번째 무리 때문에 몹시 한탄스럽습니다. 저는 왜 그들이 주님의 군사가 되려는지 이해가 되지 않습니다. 나는 그들이 더 멀리 가기 전 이것을 말해주고 싶고 첫 번째와 두 번째 무리에게는 되돌아와 이 세 번째 무리를 쫓아내 버려야 할 것입니다. 그들은 구경꾼에 불과하지 않습니다."

"네가 오늘 본 것은 아직은 미래의 모습이다. 내가 보내려 하는 사역자들은 이 군대를 모아 네가 본 대로 무장시킬 것이다. 현재 나의 군대 대부분이 세 번째 무리의 상태에 처해 있다. 내가 그들을 어떻게 몰아낼 수 있겠느냐?"

비록 나는 괜찮은 모습을 보이고 있는 대부분 하나님의 백성이 이 군대의 두 번째 무리만도 못하다는 것을 알고 있음에도 예수님의 말씀에 충격을 받았다.

"예수님, 제가 이 무리를 향한 주님의 분노를 느끼고 있음을 압니다. 만일 하나님의 군대 대부분이 그러한 상태에 있다면 저로서는 우리 모두를 진멸하지 않으신 것에 대해 감사할 따름입니다. 제가 세 번째 무리를 보았을 때 저는 그들의 열악한 상태는 그들의 훈련부족, 장비부족, 비전부족 때문이고 십자가를 지지 않고 마음의 할례를 받지 않았기 때문인 것으로 느낍니다. 나는 십보라에 대한 메시지를 가지고 필히 그들에게 가야 한다고 믿어지지만, 그들을 훈련시킬 장교들이 필요합니다."

지혜는 계속 말했다.

"산에서 보았던 첫 군대를 기억하느냐? 그들 역시 전투에 임할 준비가 되어 있지 않았으며 전투가 시작되었을 때 준비도 하지 않은 채 도주했던 자들이다. 그렇지만, 수많은 자가 그들의 의심을 진리로 바꾸고 갑옷을 준비해 돌아왔다. 이 군대의 첫 번째와 두 번째 무리는 전투를 통해 그들의 현실을 깨닫고 깨어나 변화 받은 자들이다. 그들은 나에게 울부짖었고 나는 그들에게 나의 마음에 따라 목자들을 보내었다. 나의 모든 목자는 다 윗왕과 같다. 그들은 직위나 사례를 추구하는 고용자들이 아니라 나의 백성을 위해 목숨을 버릴 수 있는 자들이다. 그들은 나의 원수들을 대적하는데 두려워하지 않으며 진실한 마음으로 나에게 경배하는 자들이다. 나는 곧 이 목자들을 보내려고 하고 있다. 너는 십보라의 메시지를 가지고 돌아가야 한다. 이제 마음의 할례를 받지 않으면서도 내 백성으로 일컬음을 받고자 하는 자들과 나는 더 이상 함께 하지 않을 때가 속히 올 것이다. 너는 그들에게 나의 분노에 대해 경고해야 한다. 나의 진실한 목자들에게 기름을 부을 수 있도록 사무엘과 같은 선지자들을 곧 보낼 것이며 나는 네가 돌아가 그들과 함께 하기를 원한다. 그들 중 수많은 자가 형제 중 가장 작은 자로 칭함을 받고 있으나 너는 적은 양떼를 이끄는 충성스런 목자들, 내가 무엇이든 맡긴 일에 충성하는 일꾼들을 찾아낼 것이다. 나의 신실한 자들은 왕으로 일컬음을 받을 것이다. 나는 그들에게 나의 권능을 맡길 것이다. 그들은 마지막 때의 큰 전쟁을 대비해서 나의 백성을 준비시킬 것이다."

나는 곧 내 마음에 만일 우리가 세 번째 무리와 같은 상황이라면 장군 같지도 않은 장군들은 어떻게 해야 하나 하고 생각했다.

"네 생각대로 그들은 진정한 장군들이 아니다." 예수님께서 대답하셨다.

"나는 그들을 세우지 않았으며 그들 스스로 그 자리를 차지했다. 그렇지만, 그들 중 몇은 변화될 것이며 나는 그들을 장군으로 세워줄 것이다. 다른 자들은 유능한 장교들이 될 것이다. 그러나 대부분 전투의 첫 징조가 보이면 곧 도주할 자들이며 너는 다시는 그들을 보지 못할 것이다. 이것을 기억하라. 첫째와 둘째 무리는 한때는 세 번째 무리에 속했던 자들이라는 것을. 네가 십보라의 메시지를 가지고 내가 더 이상 나의 백성의 세속적인 행위를 참지 않을 것이며 나에게 헌신적으로 순종하도록 진실로 부른 자들은 절대로 나의 할례에서 떠나지 않을 뿐 아니라 세상에 나가 세속적인 것을 대적하여 내가 그들에게 심판을 내리지 않을 것이라고 선포하라. 나의 양떼들의 상태에 대한 책임은 나의 목자들에게 있다. 나의 군사들의 상태에 대한 책임은 대장들에게 있다. 내가 부른 자들은 이러한 책임을 가질 것이며 이는 그들이 나를 사랑하고 나의 백성을 사랑하고 나아가서 공의를 사랑하기 때문이다."

여호와의 군대 장관

그 이후 나는 더 이상 심판의 자리에 있지 않았으나 산 위에서 다시 군대를 내려다보고 있었다. 지혜가 내 옆에 서 있었다. 그는 확고한 모습이었으나 더 이상 이전의 분노와 고통은 느낄 수 없었다.

"나는 네가 미래를 조금 보도록 하였다." 지혜가 말씀하였다.

"나는 나의 군대를 준비하고 이끌도록 부른 지휘관들에게 너를 보낸다. 이들은 산에서 전투하던 자들이다. 이들이 고소자들의 군대를 만나고도 믿음을 지킨 자들이다. 이들은 생명의 위험에도 아랑곳없이 나의 백성을 지키고 보호했던 자들이다. 그리고 마지막 때에 있을 큰 전쟁에 나의 군대를 이끌고 투쟁하기 위해 부름을 받은 지도자들이며 두려움 없이 어둠의 세력을 대적할 것이다. 네가 보는 것 같이 이 군대는 계속 전진하고 있으나 때로는 행군하되 때로는 야영할 때도 있을 것이다. 야영하는 것은 행군하는 것만큼 중요하다. 이때야말로 전략을 세우고 훈련을 받고 기술과 무기를 연마하기 때문이다. 또한, 이때는 첫 번째 무리가 두 번째 무리 사이를 다니며 두 번째 무리의 지휘관들은 세 번째 무리 사이를 다니며 다음 단계로 불림을 받은 자들을 찾는 때이기도 하다. 네가 할 수 있을 때 이것을 행해야 한다. 요한계시록 11장 1-2절의 말씀이 이뤄질 때면 그때가 가까운 것이며 내 이름으로 불리기를 원하나 나의 길을 가지 않을 때 짓밟힘만이 있을 것이다. 마지막 큰 전쟁 전에는 나의 군대는 내가 거룩한 것 같이 거룩할 것이다. 나는 마음에 할례를 받지 않은 자들과 나의 공의를 따르지 않는 지도자들을 모두 제거할 것이다. 마지막 싸움을 다 싸운 뒤에는 네가 지금 이곳에서 보는 세 번째 무리를 더 이상 보지 못할 것이다. 지금까지의 야영은 대부분 시간 낭비였을 뿐이었다. 내가 내 백성을 분명한 목적을 가지고 이끌듯이 마찬가지로 나의 군대에게 야영을 허락한 데에도 이유가 있는 것이다. 행군하는 강한 군대는 야영지의 상태로 평가된다. 행군을 중단하고 야영할 때는 나의 백성에게 나의 길을 가르쳐야 할 때인 것이다. 전시 중이거나 휴전 중이거나 군대는 변함없다. 너는 어떻게 야영해야 하는 것과 어떻게 행진하고 어떻게 싸워야 하는 것을 배워야 한다. 너는 이것을 제대로 하기 전에는 아무것도 할 수 없다. 내 군대는 어느 때이든지 예비되어 있어야 한다. 너는 행군할 때로 생각할 수 있으나 나는 너를 야영할 것을 명할 것이며 왜냐하면 나는 이곳에

서라도 네가 보지 못하는 것들을 볼 수 있기 때문이다. 네가 내 뜻을 따르면 그렇게 보이지 않을지라도 가장 좋은 때에 가장 좋은 것을 하고 있을 것이다. 기억하라. 내가 바로 여호와의 군대 장관이다. 수많은 군대가 승리와 패배를 경험한다. 나의 군대는 수백 년동안 행군해 왔다. 이들 역시 수많은 승리와 패배를 거듭해 왔다. 나의 군대는 수많은 전투에서 패배했으며 이는 내가 명령을 내리지도 않았는데 적군을 공격했기 때문이다. 다른 패배는 훈련되지 않은 자들로 적군을 공격했기 때문이다. 이들의 지휘관 대부분은 스스로의 영광을 구하기 위해 이같이 행동한 것이다. 바울은 그래서 '저희가 다 자기의 일을 구하되' 라고 기록했다. 다른 지휘관들은 내 뜻을 마음에 두고 진실함으로 내 이름을 위해 악과 싸워 이기려 했으나 그들은 군사들을 제대로 훈련시키지 않았다. 그들에게 허락한 지혜와 더불어 나의 길을 가지 않았다. 이제는 그것이 변할 것이다. 내가 여호와의 군대 장관이다. 내 백성의 현재의 외모로 상심하지 말고 그들이 어떻게 변할 것인가를 보라. 내가 이제 내 명령을 따라 행군할 지휘관들을 세울 것이다. 나의 군대가 나를 따를 때 모든 싸움에서 승리할 것이다. 그들이 야영할 때 그들은 나의 임재를 알고 나의 길에서 강하게 자랄 것이다. 너는 미래의 내 군대를 지금과 같이 보리라. 그때 내 불타는 분노를 느낄 것이다. 내가 세 번째 무리와 같은 상태에 있는 자들과는 더 이상 거하지 않을 것임을 알지어다. 그리고 모든 군대가 군사가 되기 위해 제대로 훈련을 받기까지 행군을 멈출 것이며 그렇지 않으면 해산할 것이다. 둘째 무리에 속한 자들이 악한 야망을 버리고 나와 내 진리를 위해서 살도록 훈련시킬 것이다. 그 후에야 나의 군대는 파괴를 위해서가 아니라 생명을 주기 위해 앞을 향해 전진하리라. 내가 나의 군대 가운데 거하여 나의 대적들이 나의 군대의 발아래 꿇게 하리라. 나는 여호와의 군대 장관으로 올 것이다!"

제11장

도시

 그 후 나는 다른 산 위에 서서 한 도시를 내려다보고 있었다. 이 도시의 영화로움은 그동안 내가 보지 못했던 상상을 초월하는 것이었다. 그곳의 건물들과 주택들은 독특하고 아름다웠으며 건물과 주택 간에 그리고 주위의 들판과 산들과 시냇가와 놀랄만한 조화를 이루고 있었다. 그것은 마치 그 도시가 지어진 것이 아니라 식물처럼 자라난 것 같았다. 나는 내가 보고 있는 것이 태초에 타락하지 않은 아담과 하와 때의 공의와 순결함으로 생활하는 그러한 자들이 지은 것으로 느꼈다.
 한 가지 눈에 띄는 것은 각 구조물 또는 거처에서 발견되는 수많은 유리창이었다. 이 유리는 너무도 맑고 투명했으며 창문들과 문들은 너무도 좋은 위치를 하고 있어 마치 내가 이곳에 온 것을 환영하고 있으며 이미 내가 초대받았음을 느끼게 했다. 또한 마치 아무것도 숨길 것이 없다는 듯 했으며 도둑맞을 위험도 없었다.

그 후 나는 도시의 사람들을 보았다. 낯이 익었으나 동시에 나는 그들과 같은 자들을 만나본 적이 없다는 것을 알았다. 그들은 내가 상상했던 타락 이전의 아담의 모습을 하고 있었다. 각 사람의 눈에서 완벽한 이해와 지적 깊이를 나타내고 있었으며 그동안 내가 만나 본 가장 뛰어난 이들과는 비교되지 않았다. 이것은 일체 혼돈이나 의심이 없는 질서와 평화의 결과임을 알았다. 그곳에는 야심이 없었으며 이는 모두 자신들이 누구이며 무엇을 하는지에 대해 확신하고 많은 기쁨을 가지고 있기 때문이었다. 이곳의 모든 자는 자유로웠기 때문에 그들은 또한 완전히 열린 마음을 가지고 있었다. 이곳에서 가난이나 질병은 이해되지 않을 듯했다.

나는 이 도시의 거리를 보았다. 그곳에는 중앙에 여러 고속도로가 같은 방향을 하고 있었으며 이보다 작은 많은 길이 고속도로에 연결되어 있었다. 내가 가장 큰 고속도로를 보고 있을 즈음 거룩함의 진리에 대한 지식이 내게 임하고 있었다. 내가 다른 고속도로를 보자 나는 신유의 진리에 대해서 알게 되었다.

다른 고속도로를 보자 나는 심판에 대한 것들을 이해하기 시작했다. 각 거리를 쳐다보고 있을 즈음 나는 서로 다른 진리들을 알게 되었다. 곧 나는 각 고속도로가 바로 그 진리에 대한 길이라는 것을 깨달았다. 그곳에서 살면서 걷고 있는 사람들은 그 길에 대한 진리를 드러내는 듯했다.

수많은 길이 고속도로에 연결되어 있음이 내 주의를 끌었다. 내가 그 길들을 바라보고 있는 동안 나는 사랑, 기쁨 또는 인내와 같은 성령의 열매가 임하는 느낌을 받았다. 이것들은 고속도로를 바라볼 때 임했던 이해심보다는 느낌으로 다가왔다.

나는 어떤 길들은 모든 고속도로와 연결되어 있음을 발견했고 일부 고속도로는 오로지 한두 가지의 길만이 연결되어 있음을 보았다. 예를 들어 거룩함의 고속도로는 사랑의 길로 갈 때만 이를 수 있었다. 심판의 고속도로의 경우 오로지 사랑 또는 기쁨의 길로 다닐 때만 이를 수 있었다. 그러나 은혜의 고속도로의 경우 모든 길이 연결되어 있었다. 성령의 열매라는 길로 다닐 때에는 어떠한 진리의 고속도로로 들어갈 수 있었다.

사람들이 고속도로와 거리로 걸을 때 일부는 길가에 앉기도 했다. 어떤 이들은 길가와 고속도로에 나 있는 집에 있기도 했으며 일부는 옆에 집을 짓고 있기도 했다. 집에 사는 자들은 걷고 있는 자들이나 앉아 있는 자들에게 먹을 것과 마실 것을 끊임없이 제공하고 있었다. 곧 나는 도시에는 식당이나, 호텔 또는 병원이 없음을 알아차렸다. 즉각 나는 이것들이 필요 없음을 깨달았고 그 이유는 모든 집이 대접과 치유의 중심지였기 때문이었다.

거의 모든 집이 여행자들에게 열려 있었다. 공부 또는 장기간의 치유와 같은 특별한 목적이 있을 때만 집이 개방되지 않았다. 나는 이곳에 있는 자들이 왜 치유가 필요한지에 대해 놀랐으나 곧 나중에 그 이유를 알게 되었다. 그렇다 해도 지금까지 나는 여기와 같이 아름다운 곳을 상상해 보지 못했다. 내가 말할 수 있는 것은 모든 집이 접대와 치유 또는 남을 돕기 위한 위대한 사역을 감당하기 위해 지어졌으며 심지어 심판의 고속도로변에 지어진 집들이 가장 분주해 보였다. 이 때문에 심판의 고속도로까지 돋보였다. 모든 도로는 안전하게 보였을 뿐 아니라 내가 여태까지 본 어느 도로나 고속도로 심지어는 대공원보다 더 다니고 싶은 충동이 들었다. 이 도시는 어떠한 철학자가 만들어 낼 수 있는 유토피아보다 훨씬 더 영광스러웠다.

나는 심판의 길을 주시했다. 가장 적은 왕래가 있는 듯했지만 점점 더 분주해지고 있었다. 곧 나는 그 이유가 다른 모든 도로와 고속도로가 이곳을 향하기 때문임을 보게 되었다. 그러나 심판의 고속도로가 활동의 중심이 되고 있음에도 사람들은 아직도 이 길로 들어서는 데 망설이고 있듯이 보였다.

내가 고속도로의 끝을 주시할 때, 그 길은 더욱 각도가 져 있는 경사가 되어 있었으며 길 끝에는 형언할 수 없으나 심오하고, 장엄한 높은 산이 우뚝 서 있었다. 나는 만일 사람들이 이 길의 마지막을 볼 수 있다면 수많은 이들이 이 길로 발걸음을 돌릴 것임을 알 수 있었다. 내가 이 길에 이끌리는 이유가 심판의 큰 방과 같다고 느꼈기 때문임을 깨달았다. 나는 이 길이 하나님을 공의로우신 재판장으로 알도록 인도하는 길임을 알게 되었다.

평화의 매는 줄

나는 이 도시가 천국이 아니면 새 예루살렘일 것이라고 생각했다. 곧 나는 이 사람들의 신장이 내가 지구에서 본 그 어느 사람보다 훨씬 크지만 내가 심판대에서 보았던 자들의 영광이나 신장에는 미치지 못함을 관찰할 수 있었다. 내가 이런 생각을 하고 있을 때 지혜께서 내 옆에 서 있음을 느낄 수 있었다.

"이 사람들은 네가 내 군대에서 보았던 자들과 같은 자들이다." 그는 말을 이었다.

"도시와 군대는 같다. 나의 나타날 지도자들은 나의 군대와 나의 도시에 대한 비전을 이미 소유하였다. 나는 나의 군대와 도시를 계속 세울 것이며 내가 준비하고 있는 지도자를 통하여 내가 이전 세대를 통하여 시작한 일을 마무리 지을 것이다. 나의 장군들은 나의 도시를 짓는 건축 전문가가 될 것이며 나의 전문 건축가들이 장군들이 될 것이다. 이들은 다 같은 자들이다. 어느 때든지, 더 이상 군대가 필요하지 않을 것이나 이 도시는 영원할 것이다. 너는 오늘날의 전투를 위해 군대를 준비해야 할 것이나 미래를 위하여 세워야 할 것을 계속 준비하여야 한다. 지구에는 미래가 있다. 나의 심판이 임한 뒤 미래는 영광스러울 것이다. 나는 나의 백성에게 미래를 보이려 하고 있으며 이로 인해선 그들 마음속에 미래가 새겨질 것이다. 솔로몬이 기록한 것처럼 하나님께서 행하시는 것은 영원히 있을 것이라. 나의 백성이 나의 성품을 닮아갈 때 그들은 영원한 것을 세우리라. 그들이 행하는 모든 것이 평안 가운데 현재와 또 미래에 이루어지리라. 내가 세우는 영원한 도시는 사람들의 마음에 진리로 세워진다. 나의 진리는 영원하며 진리 가운데 행하는 자들은 영원한 열매를 맺으리라. 나의 도시를 세우기 위해 나는 세상의 내 백성에게 지혜로 올 것이다. 진리에 대한 지식이 나의 도시를 채울 것이나 이 도시는 지혜로 세우리라. 나의 건축자들에게 임할 지혜로 말미암아 지어질 나의 도시는 세상이 보고 감탄할 것이며 솔로몬의 때보다 더할 것이다. 선악과의 나무에서 열매를 따 먹었을 때부터 인간은 스스로의 지혜를 경외해 왔다. 내가 나의 도시를 통해 드러낼 나의 지혜 앞에 세상의 지혜는 멸하여질 것이다. 이로 인해 다른 지혜를 경배해 왔던 자들은 수치를 당할 것이다. 솔로몬이 한 모든 것은 내가 세울 것에 대한 계시였느니라. 네가 지금까지 보았던 내가 세우고 있는 도시에 대한 모든 것은 표면적인 것일 뿐이다. 시간이 지나면 너는 더 많은 것을 보게 되겠지만, 현재로선 너는 한 가지를 보아야 한다. 네가 발견한 이 도시의 가장 큰 것은 무엇이냐?"

"나에게 그 무엇보다 가장 눈에 띈 것은 조화였습니다. 도시 안에 모든 것이 너무도 완벽하게 부합되고 도시 전체가 그 주위 환경과도 완벽하게 어우러졌습니다." 내가 대답했다.

"사랑이야말로 가장 완벽한 평화의 매는 줄이다." 주께서 계속 하셨다.

"나의 도시에는 하나됨이 있을 것이다. 내가 창조한 모든 것에는 조화가 있다. 내 안에선 모든 것이 서로 알맞게 맞추어진다. 내가 세상에서 하는 모든 일은 나의 아버지와 그의 피조물 간의 원래의 조화를 회복시키는 것이다. 인류가 내 안에서 조화를 이루며 살아갈 때 세상은 그분과 함께 조화를 이루게 될 것이며 그때에 지진이나 홍수 또는 폭풍은 더 이상 없을 것이다. 나는 세상에 평화를 주러 왔노라."

그가 말씀하실 때, 내가 군대를 보던 것 같이 미래를 보고 있다는 것을 알았다. 또한, 내가 본 조화를 이루기 위해선 현재에 평화로 세우는 일과 미래에 비전에 대한 그의 말씀이 필수라는 것을 알았다. 주님께서 창조하신 시간(時間) 역시 우리가 알맞도록 해야 한다.

즉각 지혜는 나를 돌아서게 하고 내가 그분의 눈을 직접 보도록 하시고 말했다.

"나는 나의 창조물을 사랑한다. 들의 짐승들과 바다의 물고기들을 사랑한다. 내가 곧 창조된 목적대로 그들을 회복시킬 것이나 무엇보다 먼저 인류를 회복시켜야 한다. 나는 단순히 되찾기 위해서만 온 것이 아니라 회복시키기 위해서 온 것이다. 나의 회복의 사역에 동참하고자 한다면 너는 다른 자들을 그들 모습 그대로 보아야 하며 그들이 앞으로 어떻게 될 것인가를 볼 수 있어야 한다. 에스겔과 같이 너는 극히 마른 뼈까지 큰 군대가 될 수 있음을 보아야 한다. 너는 뼈들에게 예언하여 그들이 내가 원하는 군대가 되도록 해야 한다. 그때에 비로소 나의 군대가 행군하리라. 나의 군대가 행군할 때 이들은 파괴하지 않고 회복시키리라. 악을 대적하여 싸울 것이로되 공의의 도시를 세울 것이로다. 한 영혼의 가치는 세상의 그 어떤 보배와도 비교할 수 없다. 나는 인간의 마음으로 나의 도시를 사람들의 마음에 세울 것이로다. 심장으로 인간의 마음에 세울 것이로다. 큰 비전(영화로운 보배에 대한 지식)을 간직하는 자는 나의 도시를 세우는 데 쓰임을 받을 것이다. 너는 이 비전을 통하여 나의 건축자들을 알게 될 것이다. 그들의 마음은 세상에 있지 않고 하늘의 보배에 있는 자들이다. 이로 인하여 세상은 솔로몬의 때처럼 나의 도시에 세상의 부를 바치리라. 나는 곧 지혜로운 건축자를 보내려 한다. 너는 그들과 동행하며 그들은 모두 함께 다녀야 할지니라. 네가 도시에서 보았던 일반도로와 고속도로 하나하나는 진리의 요새로써 세상에 세워지기 시작하리라. 요새마다 암흑의 권세를 맞설 것이며 어둠의 세력은 그들 앞에 서지 못할 것이다. 요새마다 산과 같을 것이며 강과 같이 흘러 세상에 물을 주리라. 요새마다 도피성과 같을 것이며 나를 찾는 자들에게 천국과 같을 것이리라. 어떠한 무기도 그들에게는 통하지 않을 것이며 또 내가 그들에게 허락한 무기는 절대로 불발하지 않을 것이다."

주님의 건축자들

지혜가 말하는 동안 나의 눈은 현재까지 보지 못했던 가장 아름다운 계곡을 바라보도록 열렸다. 산들은 계곡을 형성하였으며 계곡은 스스로 내가 본 적이 없는 푸른 색을 띠고 있었다. 바위들은 마치 은으로 만든 요새와 같았으며 나무들은 완벽했으며 무성했다. 중앙에는 강이 흐르고 있었으며 주위의 산들에서 흐르는 시내들이 한복판의 강으로 흘러들고 있었다. 푸른 색으로 반짝거리는 물은 내가 지금까지 보지 못했던 색상을 띠고 있었으며 하늘과 아름답게 조화를 이루었다. 풀들은 완벽하였다. 계곡은 여러 종류의 동물들로 가득했으며 일체 질병이나 흠이 없는 최상의 종자로 보였다. 그들은 계곡에서 서로 너무도 완벽하게 조화를 이루고 있었다. 나는 세상에서 이렇게 매혹적인 장소를 본 적이 없었다.

나는 혹시 내가 보고 있는 것이 에덴동산이 아닌가 생각했고 곧 나는 계곡을 살피고 있는 완전 무장을 한 약간의 군인들을 보았다. 다른 군인들은 강물로 흘러들고 있는 시내를 따라가고 있었으며 곧 강을 따라 처음 군인들이 살펴보고 있던 장소로 향하고 있었다. 처음에는 나는 군인들이 이곳에 적합하지 않다고 생각했으나 어떤 이유인지 모르나 곧 나는 그들이 당연히 이곳에 있어야 함을 알게 되었다.

나는 군인들을 바라보았다. 거친 전장의 용사들 같았으나 친절하고 거리감이 없어 보였다. 그들은 강인하고 확고부동의 자세였으나 완벽한 평화의 모습을 하고 있었다. 그들은 진지하고 근엄하였으나 기쁨으로 가득 차 있으며 곧 웃음을 터트릴 듯하게 보였다. 나는 전쟁이란 언제나 무서운 것이며 만일 내가 전장에 나가야 할지라도 내가 맞부딪쳐 싸울 수 있는 군대는 없다고 생각했다.

나는 그들이 착용하고 있는 갑옷이 마치 그들을 위해서 준비된 것처럼 보이는 것을 발견했고 너무도 잘 맞기 때문에 마치 갑옷을 입지 않은 것 같이 자연스럽게 움직이는 것을 볼 수 있었다. 내가 이야기할 수 있는 것은 지금까지 내가 본 갑옷 중 가장 가벼우면서도 단단하게 보인다는 것이다. 이 갑옷은 또한 삼수갑산과 매우 완벽한 색상의 조화를 이루어 내는 것처럼 보였으며 나중에 나는 이것이 지금까지 보지 못했던 순수한 색상의 반사(反射)작용으로 인한 것임을 알게 되었다. 갑옷 자체가 사실은 세상의 은(銀)과는 판이한 더 밀도가 높은 순은(純銀)이었다. 내가 이 군인들을 보고 감탄하고 있을 즈음 주님께서 말씀하기 시작했다.

"내 아버지 집에는 거할 곳이 많도다." 그분이 말씀하셨다.

"이들은 나의 건축자들이다. 모든 나의 집들은 내가 보낼 군대의 요새가 될 것이다. 어떤 자들은 기사(騎士)처럼 나아가 가난한 자와 억눌린 자들을 위해서 싸울 것이요, 다른 자들은 작은 소대(小隊)로 나아가 적의 요새를 급습하여 포로된 자들을 데려

올 것이다. 일부는 장군으로 명을 받아 나의 진리와 공의가 다스릴 수 있도록 성을 함락시킬 것이요, 다른 일부는 다른 요새에서 출동한 군대와 합세해 나의 진리, 나의 사랑 그리고 나의 능력으로 나라들을 자유하게 하리라. 이 요새들은 나의 백성을 보호하기 위할 뿐 아니라 세상으로 보낼 나의 군대의 이동, 훈련 그리고 출정(出征)을 위함이다. 흑암의 시대가 곧 도래할 것이나 나의 백성은 숨지 않으리라. 그들은 선을 가지고 악을 정복하기 위해 나아가리라. 그들은 죽기까지 자기 생명을 사랑하지 않고 다른 사람들을 자기 생명보다 더 사랑함으로 정복하리라. 이들이야말로 내가 다시 오기 전 보내게 될 두려움 없는 자들이다. 이들이 임할 것이라는 예언만으로도 나의 대적들은 두려움에 떨 것이다. 그들에겐 두려움이 없다. 그들은 사랑할 것이다. 사랑은 두려움보다 훨씬 강력하며 그들의 사랑은 태초부터 인간을 속박하고 있는 두려움의 권세를 깨뜨릴 것이다. 그들이 매일 죽는 것을 택하므로 죽음에 대한 두려움이 지배하지 못할 것이다. 이것이 그들에게 두려움의 권세로 무장된 모든 적군을 물리칠 수 있는 능력이 될 것이다. 내가 죽은 바 있었으나 이제는 영원히 살듯이 나를 아는 자들은 죽음을 두려워할 수 없다. 따라서 나를 아는 자들은 내가 어느 곳에 가든지 따를 것이다. 내가 준비한 모든 거할 곳은 이 계곡과 같을 것이다. 이곳은 타락

이전과 같은 생명으로 살아 있는 곳으로 이는 나의 구속(救贖)의 능력이 이곳에서 진리의 생명으로 다시 솟아나기 때문이다. 내가 제공하는 거할 곳은 오로지 나의 시내가 한 곳으로 흘러가는 곳에서 찾게 될 것이다. 나의 건축자들은 각 시내를 통해 올 것이나 그들은 한 몸처럼 일할 것이다. 나의 집은 큰 집을 짓기 위해 여러 전문인들을 필요로 하는 것과 같다. 오로지 그들이 함께 일할 때에 나의 집을 건축할 수 있다. 네가 이것들을 보듯이 나의 건축자들은 집을 짓기 전 조사를 마칠 수 있는 지혜를 갖게 될 것이다. 나의 각 집은 인간의 측량에 따른 것이 아니라 나의 뜻에 따른 것이기에 적합한 곳에 세워질 것이다. 나의 건축자들이 익히게 될 기술은 무엇보다도 측량(測量)하는 작업이다. 내가 나의 백성을 위해 그 땅에서 설계한 것을 그들이 측량할 것이니라."

그 후, 나는 그 계곡의 여러 시냇가 중 하나에 서 있었다. 이 시냇물을 따라 산꼭대기로 오르기 시작했다. 내가 정상에 가까이 가자 나는 크고 엄청난 소리를 듣기 시작했다. 내가 계곡을 돌아보았을 때 나는 전쟁과 지진이 땅을 가르고 폭풍과 불이 계곡을 완전히 포위하듯이 보였다. 이는 마치 내가 천국과 지옥의 경계선에 서서 지옥을 보는 것 같았다. 나는 지옥이 계곡을 잠식하기에는 너무도 미약하다는 것을 순간적으로 알게 되었으나 그 광경이 너무도 무시무시했기에 나는 몸을 돌려 계곡을 향해 달렸다. 그때에 지혜가 내 옆에 서 있음을 느꼈다.

"이곳이야말로 네가 살아야 할 죽음과 삶이 있는 곳이다. 두려워 말고 믿을 찌어다. 너는 약하였으나 이제는 내가 너와 함께 하는 만큼 담대하고 마음을 강하게 할 찌어다. 이제 더 이상 두려움이 너를 지배할 수 없느니라. 두려움 안에서는 아무것도 행하지 말지어다. 네가 행하는 것들은 사랑 안에서 하고 이를 통하여 너는 언제나 승리를 얻을 것이다. 사랑이야말로 담대함의 자원이다. 사랑은 언제까지나 있을 것이다. 나의 건축자들을 이 말씀들로 격려하라."

제12장

생명의 말씀

 그 후 나는 다시 대심판의 큰 방으로 돌아와 이전과 같은 문 앞에 서 있었다. 나는 아직도 계곡에서 본 것들로 인한 충격 속에 있었지만, 그분의 말씀은 아직도 내 귀에 맴돌고 있었다. "사랑, 사랑" 나는 이 말씀을 수없이 되풀이했다. "나는 절대로 사랑의 능력을 잊을 수 없어. 사랑 안에는 완전한 평화가 있어. 사랑 안에는 담대함이 있어. 사랑 안에는 능력이 있어."
 나는 문을 바라보았다. 나는 이 문이 바로 그분의 교회로 연결되었음을 알았다. 나는 지혜가 언급하셨던 요새들이야말로 교회와 단체들을 의미하고 있음을 알았다. 나는 곧 내가 보았던 것들을 이미 준비하고 있는 일부 교단과 단체들을 생각했다. 나는 내가 알고 있는 영성 연구자들을 생각하면서 이전에 내가 이런 식으로 생각하지 않았음을 알았다. 그리고 곧 대부분이 전쟁에 지쳐서 단지 살아남기 위해 급급해 심지어는 절망적으로 서로 다투기도 하는 것 같은 모습을 보았다.

나는 산에서 벌어졌던 전투에 대해서 생각했다. 대적들은 주로 그리스도인들을 이용하여 산으로 오르려 하는 다른 그리스도인들을 공격하였다. 그럼에도 불구하고 전투에서 이기고 대부분의 그리스도인이 고소자의 능력에서 벗어났지만 나는 전투에서 부상을 입은 자들이 회복되기 위해서는 많은 시간이 필요하다는 것을 알았다. 수많은 자가 고소자의 영향 아래 오랫동안 있었기 때문에 그들의 본성에는 아직도 고소하는 습관이 남아 있었고 이는 그들의 마음이 새로워지고 있는 과정에서도 자행되고 있었다. 나는 교회가 아직도 하나 되기에는 아직도 머나먼 길을 가야 한다는 것을 알았다.

"우리는 어디서 시작해야 하는가?" 스스로 생각했다. 내가 저 문을 향해 갈 때 무엇을 할 수 있을까?

"네가 시작하지 않아도 된다. 이미 다 끝난 일이다." 지혜가 말했다.

"나는 십자가에서 이미 나의 백성의 하나됨을 이루었다. 그렇지만, 십자가의 사건 이후에도 대적이 이긴 것 같이 보이지만 사실은 내 아버지와 내가 태초부터 계획 속에서 행하고 있을 뿐이다. 네가 십자가와 이를 십자가의 능력으로 살 것을 선포할 때 너는 나의 뜻을 이룰 것이다. 자신의 야망이 아니라 나를 섬기는 자들은 곧 서로 상대를 알아보고 같이 기쁨을 누릴 것이다. 하나님에 대한 진실한 경외함을 가진 자들은 세상에서 아무것도 두려워할 것이 없느니라. 나를 두려워하는 자는 서로 두려워하지 않고 서로 사랑하며 나와 함께 먹을 자들이로다. 나는 너를 볼 수 있도록 불렀으며 너는 나의 왕국이 어떻게 도래하는지 보게 될 것이다. 마귀는 세상으로 떨어질 것이며 커다란 분노로 세상에 임할 것이다. 그러나 그의 분노에 두려워하지 말지니라. 이는 내가 모든 죄악에 대해 나의 분노를 보일 것이기 때문이다. 악인들과 악을 따라 행하는 자들은 곧 나의 분노를 알게 될 것이다. 너는 이런 것들에 대해 두려워하지 말고 볼지어다. 이는 내가 나의 백성 가운데 거할 것이며 내가 세상의 모든 것보다 더 위대하기 때문이다. 네가 나를 바라볼 때 너는 두려워하지 않을 것이다. 만일 네가 두려워한다면 그것은 나를 바라보지 아니하였기 때문인 연고니라. 인간의 악이 사탄과 하나됨이 이루어지는 날에 큰 어려움의 때가 세상에 오리라. 그때에 모든 인간과 모든 창조물은 반란의 무익함과 비극이 무엇인지 깨닫게 되리라. 동시에 나의 백성은 나와 완전히 연합되어 나의 큰 빛이 암흑을 대적하리라. 주님의 법의 길로 다니지 않았던 자들은 깊은 암흑으로 떨어지리라. 순종의 길을 걸은 자들은 하늘의 별과 같이 빛나리라. 겸손과 순종은 언제나 나에게 인도한다. 네가 나에게 나아올 때 너는 나의 영광이 임하는 것을 보게 되리라. 하늘과 땅도 빛과 어둠이 어떻게 다른가를 곧 보게 되리라. 너는 빛과 어둠 사이에서 거하며 어둠에 있는 자들을 빛으로 인도하도록 부르심을 입었다. 아직도 나는 누구도 멸망하는 것을 원치 않는다."

우리를 둘러싼 영광 가운데 내가 방금 목격한 어둠과 비극들을 기억해 내기란 매우 어려웠다. 나는 그분의 영광과 가장 영화롭고 빛나는 사람의 차이를 생각해 보았다.

"우리는 얼마나 무가치한 존재였던가!" 나는 부르짖었다.

"만일 모든 인간이 하나님의 심판대 자리를 잠시나마 볼 수 있다면 그들은 즉각적으로 회개할 것입니다. 예수님, 왜 세상에 주님 자신을 나타내셔서 이런 죄악이 행해지는 것을 방지하지 않으십니까? 예수님의 모습 그대로 볼 수 있다면 아무도 죄악을 택하지 않을 것입니다."

"나는 내 스스로를 나타낼 것이다. 악이 그 길을 다 간 후에 그때에 나는 세상에 나를 나타내리라. 사탄이 타락한 인간을 통해서 자신을 나타내듯이 나도 회복된 자들을 통해 나를 나타내리라. 그때에 세상은 나를 볼 수 있을 것이며 내가 하늘에서 간직하고 있는 것뿐 아니라 어둠을 맞선 나의 영광을 보리라. 나의 영광은 이곳에서 네가 본 것 이상이다. 그것은 나의 본질이다. 내 본질을 나의 백성에게 계시할 때 이곳의 영광으로 나는 다시 오리라. 그때가 오기까지 이 영광과 능력 때문이 아니라 나를 사랑하고 진리를 사랑하는 자들을 찾을 것이다. 온 세상이 불순종할 때 나를 순종하기로 택한 자들은 나와 함께 상속받을 자격이 있다. 이들은 나와 함께 왕 노릇하고 나의 영광에 참여할 할 자격이 있다. 이들은 그들 스스로를 위해서 사는 자들이 아니라 나를 위해 사는 자들이다. 나의 형제인 이들 중 위대한 자들이 곧 나타나리라. 그들은 진리를 위해 거대한 어둠을 대적할 것이다. 그들은 큰 시험을 확고하게 견딜 것이다. 내가 너를 이곳으로 이끌었으며 이제 너를 그들에게 보내니 두려워 말며 마음을 굳게 하도록 격려하라. 이미 구원의 때가 가까우니라. 나는 너를 그곳으로 보내 강한 자에 대해 경고할 것을 명하노라. 사탄은 내 아버지의 영광을 보고 그를 경배하는 무수한 자를 보았음에도 타락하였다. 그가 타락한 이유는 하나님을 믿기보다는 그에게 보여 준 영광과 능력을 믿었기 때문이다. 내가 이 시대에 허락한 영광과 능력을 받는 자들은 그들의 믿음을 능력이나 영광에 두지 아니하고 나에게 두어야 할 것이다. 진정한 믿음은 너희 자신, 지혜 또는 내가 너희에게 준 능력이 있지 아니하고 진실한 믿음은 나에게 있느니라. 네가 나에 대한 진실한 믿음 안에서 자라날 때 너는 나에게 모든 것을 의뢰하고 스스로를 믿는 마음이 적어질 것이다. 스스로를 믿기 시작하는 자들은 나의 능력이나 나의 영광의 무게를 감당하지 못할 것이다. 사탄이 타락한 것 같이 그들도 타락할 수 있다. 나의 능력은 약함 가운데 완전하게 하나 너는 스스로가 약한 존재임을 절대로 잊어서는 아니 되며 스스로는 아무것도 할 수 없음을 인식하라. 이제 곧 도래할 시대에 나와 함께 왕 노릇할 자격이 있는 자들은 인간의 연약함과 어둠 속에서 나를 섬기며 믿는 가운데 이것을 증명할 것이다. 가장 위대한 천사도 자기 믿음을 증명하는 자들 앞에 기쁨으로 무릎 꿇으리라. 이곳에 남아있는 작은 영광을 보았음에도 불구하고 고통 중에 어둠의 시대에 나에 대한 믿음으로 진리 안에서 굳게 서는 남녀들을 보고 천사들도 감탄하리라. 이들은 나의 형제로 나의 아버지의 아들, 딸로 불릴 자격이 있느니라. 이 세상에서 흔히 진실은 약하고 쉽게 패하는 듯 보인다. 이곳에서 보는 자들은 나의 진리가 영원할 것을 알고 있다. 나를 향한 형제들의 사랑이 큰 대가를 감수하며 나를 의지하는 형제들의 사랑이 증명되도록 내가 일어나 세상에 심판을 주는 때가 지연되고 있다. 나의 진리와 나의 선함은 영원할 것이며 마찬가지로 나에게 오는 진리를 사랑하는 자들도 영원하리라. 그들은 의로운 자들을 기념하기 위하여 창조된 별과 같이 빛나리라."

 지혜가 계속 말씀하시는 동안 마치 생수로 목욕하며 씻겨지는 것 같았다. 동시에 나는 수치심을 느꼈고 이는 그의 영광의 임재 속에 있었지만, 세상에서처럼 무디고 쉽게 집중하지 못하였기 때문인 것이다. 그러나 그가 나에게 말할 때에 그의 말은 나를 정결케 하여 마치 정신이 맑아져 상쾌함을 느끼는 것 이상의 선명함이 나의 마음에 임했다. 내가 정결케 되면 될수록 그의 말은 마치 청결한 빛과 같이 내 안에서 폭발했다. 나는 그의 영광을 보고 있을 뿐 아니라 그의 영광이 내 안에 임했음을 느낄 수 있었다. 그의 임재 앞에서 나는 진리를 듣는 것뿐 아니라 흡수되고 있었다.

그의 사랑하는 신부
 주의 말씀으로 정결해지는 그 체험은 내가 묘사할 수 있는 그 어떠한 표현보다 훨씬 놀라웠으나 어색하지 않았다. 주님의 임재를 체험한 자가 전하는 기름 부음이 넘치는 설교를 들었을 때 나는 이런 느낌을 받았단 것이 기억났다. 나는 이로 인해 도취

되었으며 무감각하기보다는 그들을 자극했다. 그의 임재 앞에 내가 수년 동안 축적한 수천 가지의 조각과 같은 정보들이 합쳐져 그분이 말씀하시는 모든 것을 더 깊게 그리고 더 이해할 수 있는 뜻으로 깨닫게 되었다. 이런 식으로 모든 개념이 나의 마음에 마치 강한 지식의 기둥과 같이 되어 버렸다. 곧 이것은 각 진리에 대해 더 깊은 사랑을 느끼게 하였다.

그분이 말씀하실 때 각 진리를 이전보다 훨씬 깊게 보게 하는 에너지가 솟구쳤다. 그의 말씀은 단순히 정보를 제공했을 뿐 아니라 생명을 주었다. 이 같은 커다란 광채는 내가 심판대의 자리 앞에 섰을 때 내가 아무것도 숨기지 않기로 작정했을 때 체험한 것과 같았다. 내가 그의 말씀 앞에 나에게 있는 모든 어둠을 드러내고 변화되고자 내 마음을 더 넓게 열 때 그의 말씀은 더 큰 능력으로 역사하는 것처럼 보였다.

주님은 말씀하실 때 단순히 정보만 주신 것이 아니라 어떤 방식인지 모르겠으나 나의 마음과 생각을 새로이 바꿔 주셔서 모든 진리가 이해의 기초가 되고 이 가운데 진리에 대한 사모하는 마음이 솟아났다. 예를 들어, 나는 교회가 그리스도의 신부라는 것을 소문으로만 알고 있었다. 그분이 그의 신부를 예비하기 위해 허용하신 사역에 대해 말씀하실 때 나는 나의 마음에서 그동안 내가 알고 있던 모든 교회를 보았다. 그 교회들은 즉각적으로 단순히 많은 무리의 사람들보다 훨씬 더 소중한 그분의 사랑 받는 자들로 변하였다. 나는 그분을 위하여 그들을 예비하고 싶은 마음이 내 안에서 불타고 있음을 느꼈다. 죄악과 간음을 세상과 함께 뿌리치는 것이 그분의 백성에게 무엇을 주었는가를 보면서 나의 무릎이 뻣뻣해지는 것을 느꼈다. 나는 내가 느끼고 있는 것을 주님도 느끼고 있음을 알았다.

그의 정결하게 하는 진리가 나에게 기름 부음처럼 임했다. 내가 느낀 청결함은 그동안 생각해 왔던 것보다 훨씬 놀라웠다. 이는 마치 내가 그동안 시궁창에서 살아오다 그곳에서 나와 막 뜨거운 샤워를 하고 있는 것과 같았다. 정결하게 하는 진리의 능력이 너무 강하게 임하여 나는 이것을 그의 백성과 나누고 싶은 간절한 마음을 가졌다.

"나는 기름이 넘치는 진리의 능력으로 나의 백성을 정결케 하려 한다." 지혜는 계속 말했다.

"나의 신부들은 모든 더러움에서 정결하게 되리라. 나는 불꽃과 같으며 나의 거룩함과 나의 백성의 거룩함으로 인쳐진 불타는 마음으로 나의 메신저들을 보내려 한다."

주님이 말씀하실 때, 나는 거룩한 말씀의 능력과 깊이를 느꼈다. 곧 추호도 의심 없이 진리의 능력이 함께 할 것을 알았다. 주님께 합당한 영화스런 신부에 대한 광경이 내 마음에서 불타고 있었다. 나는 열정적으로 이것을 그분의 백성에게 전달해 그들이 주님을 맞이하는 데 모든 초점이 맞추어지기 원했다. 나는 이 일을 내 목적으로 삼지 않고서는 그 어떤 일도 먼저 할 수 없음을 깨달았다.

주님은 진리의 요새와 공의에 대해서 말씀하기 시작했다. 그분이 말씀하실 때 나는 안면이 있는 교인들을 보기 시작했으며 그들이 어떻게 어려움을 당하고 있는지도 보았다. 그분의 진리로 능력을 입게 하고 싶은 이전에 겪어 보지 못한 강렬한 마음으로 불타올랐다. 나는 그들이 약한 이유가 그들이 진리 안에서 다니지 않았기 때문임을 알았다. 그들에 대해 느끼는 슬픔은 내가 견디기 힘든 것이었다.

"왜 그들은 진리 안에서 행하지 않나요?" 나는 울부짖듯 물었다.

"너는 느헤미야가 예루살렘 성벽이 무너져 황무함을 듣고 불탔던 심정을 느끼기 시작했다." 지혜가 설명했다.

"나는 나의 메신저들에게 나의 신부가 정결하게 되는 것을 볼 수 있도록 불이 임하게 했으며 그들이 구원의 벽이 회복되는 것을 보도록 느헤미야의 불타는 심정을 주었다. 그때에 나의 백성이 더 이상 황무함에 처하지 않으리라. 너는 나의 백성을 내 군대, 나의 도시 그리고 나의 신부로 보았다. 너는 이제 이것을 보는 것뿐 아니라 느끼고 있다. 오로지 마음에서 솟아나는 나의 진리가 임할 때 그것이 사람을 변화시키는 능력이다. 생수는 가장 깊은 곳에서 솟구치는 것이다. 바로 심장이다. 네가 나의 진리가 정결하게 함을 느끼었듯이 나는 나의 메신저들을 예비하여 진리를 말하는 자들이 불길과 같이 솟아오르게 할 것이며 단지 이해하는 것으로 그치지 않고 사람의 마음을 변화시키도록 할 것이다. 내가 그들에게 보내는 진리는 나의 백성의 죄를 정죄할 것이나 또한 모든 죄에서 정결하게 할 것이다."

주님께서 말씀하실 때, 무엇인가 해야겠다는 열의가 생겼다. 내게 주님의 백성을 도울 수 있는 신성한 전략이 임하기 시작했다. 나는 더 이상 시작하기를 기다릴 수 없었다. 이제 나는 메마른 뼈들도 주님의 강한 큰 군대가 될 수 있다는 것을 믿었다! 지혜가 함께한다면 그 무엇도 불가능하지 않을 것으로 보였다. 나는 하나님의 교회가 흠도 점도 없는 신부가 될 것을 믿는 것과 그의 교회가 진리의 요새의 큰 도시가 되어 모든 세상이 보게 되리라는 것도 믿는데 조금도 어려움이 없었다. 나는 지금 보이는 것과 같이 약하고 패하는 하나님의 백성이 진리의 군대로 변하여 어떠한 어둠의 군대도 대적하지 못할 것을 믿는데 추호의 의심도 없었다. 이전에 느끼지 못한 진리의 능력으로 나는 그분의 능력이 어둠보다 훨씬 강력하다는 것을 알았다.

생명의 말씀

주님 앞에 나는 내가 본 주님의 신부에 대한 비전으로 누구든 변화시킬 수 있으리라 느꼈다. 이와 같은 말씀을 전한다면 내가 가장 많은 패배를 경험한 조그마한 교회라 할지라도 그들이 즉각적으로 진리의 강력한 요새로 변할 수 있는 것처럼 보였다. 나는 또한 세상에서 나의 말이 이 같은 능력을 갖지 못할 것이라는 사실도 알았다.

"네가 내 안에 거할 때 너의 입을 통한 말씀에 이 같은 능력이 나타나리라." 지혜가 말했다.

"너는 나에 대해 설교하도록 부름을 입지 않았다. 내가 너를 통해서 말할 수 있는 목소리로 너를 불렀느니라. 네가 내 안에 거하고 내 말이 네 안에 거할 때 너는 영원한 열매를 맛보게 되리라. 나의 말로 세상이 창조되었으며 나의 말로 내 백성과 네가 새로운 피조물이 되리라. 내 말이 영이며 생명이니라. 나의 말은 생명을 주느니라. 너는 나에 대하여 가르치는 것이 아니라 내가 너를 통해서 직접 가르칠 수 있도록 부름을 받았느니라. 네가 나의 임재 속에 거할 때 너의 말들이 나의 말씀이 될 것이며 그 말씀들이 능력을 행할 것이니라."

나는 이전에 마가렛 브로우닝(Margaret Browning)이 했던 말을 생각해 내었다. "모든 떨기 나무는 주님의 불로 탈 것이나 오로지 보는 자들만이 그들의 신을 벗을 것이다. 나머지는 단지 과실을 주울 뿐이다."

"주님, 나는 모든 것에서 당신을 보기 원합니다." 내가 말했다.

"나는 나의 사자들에게 모든 일에 대한 나의 목적을 볼 수 있도록 비전을 줄 것이다." 주님이 말씀하셨다.

"내가 불타는 떨기 나무에 나타났던 것처럼 나의 사자들이 불꽃같이 타오르게 하리라. 나의 불이 그들에게 임할 것이나 그들은 소멸되지 않으리라. 사람들은 이 같은 표적으로 놀랄 것이며 이것을 보기 위해 돌아올 것이다. 나의 사자들을 통해서 말할 것이며 나의 백성을 불러내 그들이 다녀야 할 길로 다니게할 것이며 나의 백성을 일으켜 구원을 이루게 할 것이다."

곧 나는 문으로 이끌림을 느꼈다. 내가 그 문 가까이 갔을 때 무엇이 쓰여 있는 것을 보았다. 나는 생전에 그 같은 글을 본 적이 없었다. 그 글은 순금으로 쓰여 있었고 어떻게 된 영문인지 모르나 살아 있었다. 나는 그 말씀을 읽기 시작했다.

> 만물이 그에게 창조되되 하늘과 땅에서 보이는 것들과 보이지 않는 것들과 혹은 왕권들이나 주관들이나 통치자들이나 권세들이나 만물이 다 그로 말미암고 그를 위하여 창조되었고 또한 그가 만물보다 먼저 계시고 만물이 그 안에 함께 섰느니라 그는 몸인 교회의

머리시라 그가 근본이시요 죽은 자들 가운데서 먼저 나신 이시니 이는 친히 만물의 으뜸이 되려 하심이요 아버지께서는 모든 충만으로 예수 안에 거하게 하시고 그의 십자가의 피로 화평을 이루사 만물 곧 땅에 있는 것들이나 하늘에 있는 것들이 그로 말미암아 자기와 화목하게 되기를 기뻐하심이라 전에 악한 행실로 멀리 떠나 마음으로 원수가 되었던 너희를 이제는 그의 육체의 죽음으로 말미암아 화목하게 하사 너희를 거룩하고 흠 없고 책망할 것이 없는 자로 그 앞에 세우고자 하셨으니 만일 너희가 믿음에 거하고 터 위에 굳게 서서 너희 들은 바 복음의 소망에서 흔들리지 아니하면 그리하리라 이 복음은 천하 만민에게 전파된 바요 나 바울은 이 복음의 일꾼이 되었노라 나는 이제 너희를 위하여 받는 괴로움을 기뻐하고 그리스도의 남은 고난을 그의 몸된 교회를 위하여 내 육체에 채우노라 내가 교회 일꾼 된 것은 하나님이 너희를 위하여 내게 주신 직분을 따라 하나님의 말씀을 이루려 함이니라 이 비밀은 만세와 만대로부터 감추어졌던 것인데 이제는 그의 성도들에게 나타났고 하나님이 그들로 하여금 이 비밀의 영광이 이방인 가운데 얼마나 풍성한 지를 알게 하려 하심이라 이 비밀은 너희 안에 계신 그리스도시니 곧 영광의 소망이니라 우리가 그를 전파하여 각 사람을 권하고 모든 지혜로 각 사람을 가르침은 각 사람을 그리스도 안에서 완전한 자로 세우려 함이니 이를 위하여 나도 내 속에서 능

력으로 역사하시는 이의 역사를 따라 힘을 다하여 수고하노라

(골 1:16-29)

내가 이 말씀들을 읽을 때 그 말씀들은 마치 생명을 수혈하는 것과 같았다. 하나님의 말씀은 단 한 마디라도 세상의 그 어떤 보배보다 훨씬 가치 있었다. 내가 이 같은 말씀을 소유하고 있으면서도 어떻게 내가 세상의 것에 이끌리도록 나 자신을 허용했을까? 나는 이 세상을 다니면서 기름 부음이 넘치는 한 가지의 설교가 얼마나 가치가 있을까 생각하면서도 때로는 게을러서 내가 겨우 인근 마을조차 가기 싫어했었다. 내가 문 앞에 설 때 그분의 말씀에 대해 그토록 경솔히 대한 것이 내 마음을 때렸다. "주님, 용서하소서." 나는 부르짖었다.

내가 이렇게 말했을 때 문이 열렸다. 나는 멀리서 보이는 그곳이 너무나도 어둡고 마음에 내키지 않았던 것을 생각했으나 문에 가까이했을 땐 그것은 내가 여태까지 본 어떤 문보다 더 형언할 수 없이 아름다웠다. 순간 나는 사람들이 이런 식으로 교회를 판단했고 나 스스로도 얼마나 판단해 왔는가를 생각했다. 나는 오랫동안 하나님을 사랑해 왔으나 주님의 백성을 사랑하는 일에는 실패했었다.

"그와 같은 회개는 내가 너를 부른 목적에 합당한 길의 문을

열게 할 것이다. 너는 나의 백성을 제외하고 너의 목적을 이룰 수 없느니라. 나의 백성이 하나가 되도록 불렀으며 이제 이루어질 것이니라. 나의 백성과 떨어져서 너는 네가 본 비전대로 살 수 없다. 이제 너는 길을 보고 진리를 아는 자리에서 일어나 나의 생명의 그릇이 되어야 한다. 이것은 네가 내 백성을 떠나서는 이룰 수 없느니라. 내가 부탁한 대로 아버지께서 네게 나에 대한 사랑을 주셨으니 이제 주님의 사랑이 너에게 있느니라. 이제 나의 사랑을 내 백성에게 주리라. 나의 사자들은 나의 백성을 내가 그들을 보듯이 보아야 하며 내가 그들을 사랑하듯 사랑하여야 한다. 네가 진실로 나의 말씀을 사랑하는 것 같이 내 백성과 함께한 너의 운명의 길이 너에게 열리리라."

  주님의 말씀은 나의 생각뿐 아니라 마음까지 움직였다. 나는 그 말씀 하나하나를 모두 느낄 수 있었다. 단순히 그가 그의 백성을 사랑하신다는 말씀만으로도 나에게 같은 사랑이 임했다. 이것은 대단히 큰 사랑으로 난생처음 느끼는 것이나 전혀 어색하지 않았고 기름부음이 있는 설교 말씀을 통해서 더 낮은 강도로 체험해 보았던 것이다. 나는 내가 천국에는 설교가 없을 것이라고 말하곤 했던 무지함을 생각해 냈고 이제는 설교 없는 천국은 있을 수 없다고 생각하게 되었다. 나는 주님의 말씀에 따른 설교에 더욱 갈급해졌다.

"그렇다. 천국에도 설교와 가르침이 있다. 영원히 나의 이야기는 계속 전파되리라. 그런 이유로 영원한 복음이라 불리는 것이다. 나는 말씀이요 생명이고 진리의 말씀은 영원히 나의 창조를 채우리라. 모든 피조물은 나의 진리의 말씀으로 너와 같이 빛나게 되리라. 심지어 천사들도 너의 간증을 듣는 것을 원한다. 구원받은 자들은 나의 구속의 이야기를 영원히 선포하기를 원할 것이다. 그러나 이제 너는 어둠에 거하는 자들에게 전파해야 한다. 너의 간증은 수많은 사람을 자유롭게 할 것이다. 나를 사랑하는 자들은 나의 말씀을 사랑하느니라. 그들은 그 말씀을 읽고 듣기를 갈망한다. 너의 마음에는 많은 사람을 자유롭게 하는 나의 말씀이 주어졌느니라. 나의 말씀을 가지고 나아갈지어다. 나아갈 때 너는 나의 말씀의 능력을 보리라."

제13장

만나

나는 문을 향해 걸어갔다. 걷는 동안 내 앞에 있던 영화로움이 사라진 것에 놀랐다. 그곳은 오래된 지하실처럼 어둡고 곰팡내가 나는 듯했다. 이것이 나를 당황하게 했으나 주의 능력의 말씀이 나를 안정시켰다.

"당신이 느끼는 것은 성령의 기름 부음입니다." 어둠 속에서 목소리가 들려왔다.

"누구십니까?" 나는 물었다.

"꼭 물어야 합니까?" 지혜의 영같이 들리진 않았으나 어디선가 많이 들어본 목소리였다. 그럼에도 나는 그분이라는 것을 알았다. 점차적으로 나의 눈은 어둠에 적응되어 갔으며 나는 나의 옛 친구 흰 독수리를 보고 놀랐다.

"하나님께서 당신 안에 살아 계시므로 그곳에서 그의 임재 가운데 거하였던 것처럼 이곳에서도 체험한 모든 것을 통하여 그 안에 거할 수 있습니다. 나는 당신이 이미 그의 임재에 도취되어 있는 것을 알고 있으며 그것은 옳은 것입니다. 그러나 이곳에서 여러 모양으로 나타나는 그분을 인식할 것을 배워야 합니다. 무엇보다 먼저 당신은 그의 음성을 마음으로 인식해야 하며 또한 그가 다른 사람들을 통해 말씀하시는 것도 인식해야 합니다. 이것은 당신이 이전에 알고 있었고 또한 종종 경험했던 것이지만 이제는 다르게 알아야 합니다. 그는 당신에게 절대로 멀리 계시지 않을 것이며 쉽게 찾을 수 있습니다. 그는 언제나 당신을 진리로 인도해 주십니다. 오직 성령을 통해서만 모든 것 또는 모든 자의 참모습을 보고 알 수 있습니다. 다가올 시대에 주님을 가까이 따르지 않으면 우리는 멸망하게 될 것입니다."

"나는 지혜가 당신을 통해서 말씀하시는 것을 듣고 있기에 이것이 사실임을 압니다. 당신은 나에게 갈 길을 보여 주기 위해 오셨습니까? 나는 이곳에서 거의 볼 수 없습니다."

"나는 매시간시간마다 당신이 바른길에 머물며 다닐 수 있게 하는 길 안내판에 대해 일러줄 것이지만 오직 성령만이 당신을 인도해 주셔야 합니다. 성령께서 당신을 여러 곳으로 인도해 주시는 것을 이해하도록 내가 도울 것이지만 먼저 당신이 온전히 살 수 있도록 만나에 대하여 말해 드리겠습니다."

"만나! 당신은 이스라엘 백성이 광야에서 먹었던 그 만나를 말하는 것입니까? 그것을 우리가 여기서 먹습니까?"

"태초부터 하나님과 함께 동행한 자들이 만나를 먹고 살았습니다. 광야에서 이스라엘 백성이 먹었던 만나는 바로 이때의 계시였습니다. 주님께서는 당신에게 날마다 신선한 만나를 주실 것입니다. 이스라엘 백성이 광야에 있을 때 하나님이 만나로 땅을 덮었던 것처럼 지금도 그의 백성을 위하여 매일 진리로 이 땅을 덮으십니다. 당신은 어느 방향으로 향하던지 그것을 볼 수 있습니다. 또한 하나님의 말씀이 캄캄한 암흑 속에서도 당신을 보호하심으로 당신은 만나를 주울 수 있을 것입니다. 깊은 감옥에 갇힌 자들도 매일 이것을 찾기 위해 일어날 것입니다. 호와스런 궁전에서 사는 자들도 만나를 매일 찾을 수 있을 것입니다. 그러나 하나님의 만나는 이슬같이 가볍고 부드럽기 때문에 쉽게 밟힙니다. 만나를 먹을 수 있도록 당신은 부드럽고 순전한 마음을 가져야 합니다."

살아있는 서신

"하나님은 매일 백성과 각 사람에게 말씀하십니다. 그들은 떡으로만 살 수 없으며 그의 입에서 나오는 말씀으로 살아야 합니다. 이 말씀은 그가 과거에 말씀하셨던 것이 아니라 매일매일 하시는 말씀입니다."라고 흰 독수리는 계속 말했다.

"하나님께서 매일 그들에게 내려 주시는 만나를 모으지 못하기 때문에 많은 사람이 쇠약해 있습니다. 그들이 유리(遊離)하는 이유는 그의 음성을 알지 못하기 때문입니다. 그의 양들은 하나님의 목소리를 알고 알고 분별하기 때문에 따르고 있습니다. 만나는 생명의 떡이며 주님의 백성에게 주어진 일용할 양식입니다. 당신은 이것을 분별해서 주님의 백성을 도와 만나를 알도록 해야 합니다. 당신이 지금 만나를 맛보는 것과 같이 주님의 백성이 만나를 맛보게 될 때 그들은 매일 부지런히 만나를 찾으러 다닐 것입니다. 양식과 물을 저장하는 데 신경 쓰지 말고 주님께서 매일 내려 주시는 만나를 즐기는 데에 참여하는 것을 배우십시오. 이것이야말로 모든 사람이 쓰러질 때 당신을 굳게 지켜 주게 될 것입니다. 성경의 말씀이야말로 주님께서 우리에게 주시는 양식이며 주님의 만나는 그의 살아 있는 편지 즉 주님의 백성에게서 찾을 수 있습니다. 주님께서는 그의 백성을 통해서 매일 당신에게 말씀하실 것입니다. 당신의 마음을 열어서 주님의 백성 가운데 계신 하나님을 찾을 때 하늘의 만나에 동참하게 됩니다. 그분이 예루살렘에 말씀하신 것과 같이 "너희가 '주의 이름으로 오시는 자에게 복이 있으리라' 고 선포할 때에 나를 만날 것이다."라고 말씀하십니다. 이는 주님이 이 땅에 계시면서 하신 말씀으로 주님께서 현재 그의 백성 가운데 어떻게 행하시는가를 보여주시는 것입니다. 만나를 사모하는 마음이 클수록 이웃을 향한 우리의 사랑 역시 커지는 것입니다. 당신이 만일 사랑 안에서 계속 성장한다면 그가 주시는 만나는 절대로 상하지 않고 아침마다 신선하게 공급될 것입니다. 하나님의 만나는 절친한 친구의 말을 통해서 또는 이전에 살았던 그의 백성이 남긴 글을 통해서 오게 될 것입니다. 하나님은 또한 주님을 알지 못하는 자들을 통해서도 말씀하실 것이며 당신은 하나님께서 그들을 보내셨음을 알게 될 것입니다. 당신은 하나님의 말씀들을 듣고자 노력하고 '말씀' 이신 주님을 찾으려고 할 때 그의 만나를 분별할 수 있을 것입니다. 이것은 단순히 하나님의 말씀들을 듣는 것뿐 아니라 당신이 가야 할 길로 인도하시는 그의 음성을 듣는 것을 의미합니다. 수많은 사람이 주님께서 하신 말씀들을 반복하여 말하지만, 주님께서 순간순간 주어지는 말씀이 바로 주님의 만나입니다. 스스로를 세울 수 있는 말씀의 강한 양식이 필요하며 이것이 그의 만나를 모으게 하는 그릇이 되게 할 것입니다. 그의 기록된 말씀의 양식을 먹으므로 건강하게 자라나게 되며 나아가서 만나의 참맛을 알게 하는 능력을 개발하여야 합니다. 그의 말씀의 양식은 우리를 자라나게 하며 앞으로 다가올 일을 예비하도록 도울 것입니다. 만나는 우리 앞에 무엇이 놓여 있을지라도 전진하게 할 것입니다. 심판대에서 성도들을 통해 당신에게 선포된 말씀들은 그에게서 비롯된 만나였습니다. 주님의 백성이 바로 세상의 만나입니다. 만나는 생명의 떡이며 주님께서 매일 그의 백성에게 주시는 살아있는 말씀으로서 그분의 백성을 통해서 선포되고 있습니다. 하나님의 말씀인 성경은 수정될 수 없습니다. 말씀이야말로 우리 영혼의 닻입니다. 그러나 생명의 책은 아직도 기록되고 있는 중입니다. 하나님은 그에게 나아오는 영혼들을 생명의 책 새로운 장(章)을 통해 계속 기록하고 계십니다."

승리 또는 패배

"사람들 가운데 하나님께서 거하실 처소를 짓기 위한 설계도가 바로 성경입니다. 바로 하나님께서 인간의 속죄함을 위해 일하셨다는 증거이기도 합니다. 하나님의 백성이야말로 그의 살아 있는 말씀의 그릇인 동시에 단순히 과거의 역사가 아니라 살아있고 지금도 생명을 주는 말씀임을 나타내는 증인들입니다. 당신이 그의 말씀을 알고자 한다면 반드시 성경과 그의 만나에 대하여 알아야 합니다. 성경은 하나님의 길을 가기 위해서 반드시 알아야 하는 그의 불변하는 영원한 계획입니다. 그의 만나는 당신에게 매일 그 길을 갈 수 있도록 힘을 줄 것입니다. 그렇기 때문에 우리에게는 사귐이 필요합니다. '저가 빛 가운데 계신 것 같이 우리도 빛 가운데 행하면 우리가 서로 사귐이 있고'"라고 흰 독수리는 말했다.

"많은 하나님의 사자가 이런 방식으로 하나님께 쓰임을 받고 있다는 사실조차 깨닫지 못하고 있습니다. 하나님께서 그들을 통해 말씀하고 계심을 알지 못합니다. 하나님께서 주시는 말씀들을 듣는 자들은 가끔 그의 음성을 인식합니다. 이제는 바뀌어야 합니다. 하나님의 백성은 그가 하시는 모든 일에 하나가 되기 위해 부르심을 입었으나 극소수만이 하나님의 음성을 듣고 있습니다. 그렇기 때문에 그들에게는 하나님께서 이끄시는 길을 따라 그를 따르는 일이 어렵습니다. 하나님께서는 그들에게 하시는 말씀과 그의 백성을 통해서 하시는 말씀 모두를 알기를 원하십니다. 마치 전쟁에서 장교들과 병사들이 서로 분명한 교통(交通)이 있을 때 승리할 수 있듯이 하나님과 그의 백성 간 분명한 교통이 있을 때에 그들의 앞날이 승리하느냐 아니면 패하느냐를 결정하게 될 것입니다. 하나님께서는 그의 메시지를 전하게 될 사자들을 준비하고 계십니다. 그들은 주의 백성이 하나님의 음성과 그의 길을 깨닫도록 가르칠 것입니다. 당신은 하나님을 맞이하듯이 그의 사자들을 또한 맞이하여야 할 것입니다. 당신은 하나님의 사자들이 길을 가도록 도와야 합니다. 그들의 사역의 성공 여부가 수많은 사람이 타락하느냐 아니면 일어서느냐를 결정하게 할 것입니다."

순간적으로 나는 '만일 하나님께서 그들을 보내신다면 내 도움이 필요 없을 텐데….'라고 생각했다. 그러나 그 순간 나의 생각을 읽어버린 흰 독수리의 준엄한 훈계가 있었다.

"그렇게 생각하지 마세요! 수많은 주의 백성이 그와 같은 생각 때문에 타락했어요! 하나님은 우리 없이도 모든 것을 하실 수 있지만 우리를 통하여 일하는 것을 택하셨습니다. 우리는 서로를 위해서 하나님께서 예비한 자들입니다. 하나님께서는 보혜사를 우리에게 보내주셔서 그의 백성 가운데 거하게 하셨고 택한 백성이 서로 도움을 받도록 하셨지요. 이것을 절대로 잊지 마세요. 이런 이유로 주님께서는 서로를 통해서 만나를 얻도록 하신 것입니다. 우리는 모든 일에 무엇보다 먼저 주님이 필요하지만 한편으로는 상호 간에 필요한 존재인 것입니다. 이렇게 깨달을 때 우리는 겸손해져 결과적으로 하나님의 은혜와 능력을 받게 되는 것입니다."

"죄송합니다." 내가 답했다.

"이 모든 것은 제가 잘 아는 사실임에도 자주 잊으려는 경향이 제게 있습니다."

"이러한 잊어버린 것들은 당신이 지금까지 많은 것을 감수하고 알게 된 것들보다 더 큰 대가를 치르게 하였습니다. 앞으로 당신이 이것을 또다시 잊어버린다면 그때에는 당신이 감당할 수 없는 큰 손해를 보게 될 것입니다. 우리에게는 세상의 그 무엇보다 하나님이 더 필요하지만 마찬가지로 그분의 백성도 필요합니다. 바로 하나님의 백성 가운데에서 보혜사 즉 우리를 진리와 독생자에게 이끌어 주시는 사람들을 발견할 수 있을 것입니다. 그분이 이제 그의 사자들을 보내 주십니다. 어떤 자들은 늙고 지혜로울 것이고 다른 자들은 젊고 짧은 경험을 가졌으나 주님의 음성을 아는 사람들입니다. 원수도 그들의 사자를 보내어 혼란을 야기시킬 것입니다. 그러나 이 모든 것은 훈련의 과정입니다. 어떤 자들은 원수의 사자들에게 일시적으로 미혹될 것이며 다른 자들은 많은 것을 상실하게 될 것이지만 하나님과 그의 진리를 사랑하는 자들은 그들에 의해 오랫동안 미혹되지 않을 것입니다. 일시적으로 그들에 의해 미혹된 자들은 이런 경험을 통해서 배우게 될 것이며 앞으로 다가올 날에 미혹하는 자들의 정체를 밝히는 일에 쓰임 받을 것입니다. 과거에 가장 많은 미혹을 받았던 자들이 이제는 그들의 지혜로 말미암아 진리 안에서 가장 강한 자가 될 것입니다. 지혜는 그의 음성을 알고 따르는 것입니다. 다시는 하나님이 아닌 다른 것에 정신을 빼앗기지 않게 될 것입니다. 다른 자들을 판단할 때 그의 과거보다 어떻게 그들이 변화되었는가를 보고 판단하십시오. 지혜를 따른 자들은 그들의 약함이 강함으로 바뀌게 될 것입니다. 하나님의 음성을 알고 그분을 따르는 자만큼 강하고 신실한 자는 없습니다. 하나님의 백성이 그의 음성을 알도록 격려하는 일을 멈추게 되어서는 안됩니다. 그의 선지자들이 거짓 선지자들을 대적하고 밝혀 내도록 도와야 합니다. 이 메시지는 마지막 때까지 간직해야 합니다. 우리는 앞으로 다가올 큰 전쟁에서 하나님의 군사들이 주님과 교통할 수 있도록 연락망을 구축하는 일에 쓰임 받기 위해 보내심을 받았습니다. 모든 하나님의 백성은 그의 음성을 반드시 알아야 합니다. 이제 곧 하나님의 음성을 알지 못하는 자들이 흑암에 의해 미혹되는 때가 임할 것입니다. 하나님을 알기 때문에 그의 음성을 듣는 자들은 미혹되지 않을 것입니다."

흰 독수리가 말할 때 그의 말들은 마치 내가 지혜의 임재 앞에 있을 때와 같이 나에게 임하면서 나를 정하게 했다. 나는 그분을 볼 수 없었으나 그의 임재를 느낄 수 있었고 그가 나에게 말씀하시고 있음을 깨달을 수 있었다. 이곳에서 나의 눈으로 많은 것을 볼 수는 없었으나 정결해진 내 마음은 모든 것을 이해하게 되었다. 나는 언제나 기억력이 좋지 않음을 자각하고 있었는데 예수님께서 비록 나에게 이전보다 훨씬 많은 것을 얘기 하고 계심에도 불구하고 그의 모든 말씀을 기억해 낼 수 있고 심지어 다른 사람을 통해서 말씀하셔도 다 기억할 수 있다는 확신이 섰다. 그 안에서 현재를 바라보는 일이야말로 앞을 보는 것이 뒤를 바라보는 것과 별 차이가 없다는 것도 알게 되었다. 내가 이것들을 생각하고 있을 때 흰 독수리는 계속 말했다.

"이곳은 오랫동안 아주 적은 양의 신선한 공기가 통했기 때문에 곰팡내가 나고 오래된 듯하지요. 당신은 문을 발견하고 이곳에 들어왔습니다. 이곳으로 너를 이끌어준 그 문은 당신을 다시 심판대 앞으로 이끌어 줄 것이다. 당신은 심판대에서 무엇을 얻었지요?"

"지혜와 깨달음입니다." 내가 답했다.

"한 마디로, 당신은 은혜를 입었던 것입니다." 흰 독수리가 말했다. "심판의 보좌는 사실 은혜의 보좌이기도 합니다. 당신은 어느 때나 그곳에 당당히 갈 수 있습니다."

그가 이것을 얘기할 때, 나는 내 뒤에 있는 문을 돌아보았다.

이제 나는 이전 심판대에 들어갔을 때보다 더욱 큰 아름다움이 그곳에 있음을 볼 수 있었다. 나는 그 문을 열고 다시 그곳으로 들어갔다.

제14장

하나님의 부르심

내가 지혜를 바라볼 때 그는 내가 주위를 돌아보게 하였고 나는 또다시 심판의 큰 방을 볼 수 있었다. 그곳에서 내가 이전에 만나 본 적이 있던 모든 자가 내 앞에 서 있는 것을 보고 나는 소스라치게 놀랐다. 나는 그들이 더욱 영광스럽게 보임으로 크게 놀랐다.

"그들은 변하지 않았노라." 지혜가 말씀하셨다.

"네가 변한 것이니라. 이전보다 더 많은 것을 볼 수 있도록 네 눈이 열린 것이다. 네가 나를 선명하게 볼 수 있는 만큼 다른 자들에게 임하는 나를 더욱 볼 수 있느니라."

나는 사도 바울을 바라보았다. 그는 도저히 말로 표현할 수 없을 만큼 찬란한 왕 같은 모습을 하고 있었다. 그에겐 대단한 권위와 위엄이 있음과 동시에 겸손함으로 광채를 더 하고 있어 그 어떤 보잘것없는 사람이나 죄인이 가까이해도 편안함을 느낄 것이라고 확신할 수 있었다. 나도 그렇게 되고 싶은 소원이 넘쳐 나왔다.

나는 곧 다른 이들을 바라보고 내가 아는 사람 중 가장 가까운 가족 또는 절친한 친구들처럼 느껴졌다. 그들을 향한 나의 사랑과 그들에 대한 나의 사랑을 표현하기엔 불가능했다. 세상의 그 어떤 교제와도 비교할 수 없을 것이지만 세상에서 가장 아름다운 교제라도 이것의 서두 정도밖에 안 될 것이라고 추측했다. 그곳에는 겉치레, 이권 또는 권위가 없었다. 모든 자가 서로 완벽하게 알고 있었으며 사랑은 모든 생각의 근원이었다. 이 가족과 영원히 함께 한다는 것이 내가 상상할 수 있는 것보다 훨씬 나을 것이라고 생각했다. 나는 결사적으로 그들 모두가 나와 함께 하도록 원했으나 그들이 현재의 영역에서 벗어날 수 없음을 알고 있었다.

지혜는 또다시 내 생각들에 답했다. "내가 너와 함께한 것 같이 그들도 너와 함께 하리라. 기억하라. 그들이야말로 증인들의 허다한 무리니라. 네가 그들을 볼 수 없을지라도 그들은 너에게 지금과 같이 언제나 가까이 있느니라. 처음부터 나를 섬긴 모든 자는 한 몸을 이루었고 그들 역시 앞으로도 너와 함께 할 것이나 나는 네 안에 거하리라."

나는 영원한 이곳에서 경험한 모든 것이 어떻게 바로 이곳 심판대에서 발견되는 것보다 좋을 수 있는지 궁금했다. 심판은 모든 생각이 실상으로 나타날 때 왔던 것이다. 만일 아무것도 감추려 하지 않는다면 이것은 형벌의 심판이 아니라 자유롭게 하는 심판인 것이다. 자유는 빛과 함께 하는 모든 것으로부터 오는 것이기에 그곳에는 상처 난 모든 마음이 드러나기를 소원하고 있었다. 사랑이 어찌나 큰지 나는 모든 것이 덮어지고 온전하게 될 것임을 알았다.

"네가 나의 임재로 인해 느끼는 모든 것은 실상이다." 지혜는 계속 말했다.

"여기서 네가 형제들과 체험했던 사랑과 긴밀함은 모두 실상이다. 너의 모든 것은 내 안에서 이제 하나가 되었으며 내 안에서 자라는 것과 같이 이 같은 사랑에서 네가 자라갈 것이다. 네가 이렇게 할 때 같은 사랑이 다른 자들로 하여금 네가 체휼했던 자유에 들어가도록 도울 것이다. 현재 세상에서 살고 있는 나의 백성이 나의 진실한 심판을 감수할 때, 그들은 비로소 자유 안에서 걷게 될 것이며 나의 사랑으로 세상을 어루만지게 할 것이다. 이곳에 와서 멸망을 당하거나 또는 고통 겪는 것이 나의 뜻이 아니니라. 나는 각각 스스로 판단하여 내가 그들을 심판할 필요가 없기를 바란다. 이러한 연유로 세상에 임할 나의 심판이 임박하고 있느니라. 그날은 세상이 믿고 회개할 수 있도록 점점 세찬 파도처럼 임할 것이니라. 세상이 나팔의 소리를 이해할 수 있도록 돕는 것이 나의 사자들의 임무니라. 네가 세상에서 함께 살아야 하는 자들 역시 내 몸의 지체임을 기억하라. 그들은 아직 영광에 이르지 못하였으나 현재의 외모로 대하지 말고, 그들의 부르심에 합당하게 대할 것이니라. 너는 여기서 보고 있듯이 그들을 사랑해야 하며 그들 안에 있는 권세와 은혜를 보아야 한다. 너는 그들의 현재의 외모로 보지 않고 그들이 앞으로 변할 자들로 보는 것을 배워야 한다. 오직 나의 심판을 생각하며 나와 함께 거하는 자들이 다른 자들에게 역사하는 나의 능력을 볼 수 있다. 그렇다 하더라도 사람들에게 네 안에 있는 나의 능력을 보이려고 노력하지 마라. 다른 자들이 네 그대로의 모습을 보더라도 신경 쓰지 마라. 단지 다른 자들의 모습 그대로 보고 그들 안에 거하는 나를 보려 노력하여라. 네가 다른 사람들이 너를 어떻게 볼 것인가에 관심을 가지게 되면 너는 능력을 상실하게 될 것이다. 권세가 너의 목적이 되면 실제 권세를 상실하게 되느니라. 내가 네게 준 권세와 사역을 너는 알고 있다. 너는 사람들로 하여금 네 직분으로 부르게 하지 말고 네 이름을 부르게 할지니라. 그때에 내가 너의 이름을 너의 신분보다 더 크게 하리라. 하늘나라에서의 권세는 너의 모습 그대로에서 오는 것이며 지위에서 오는 것이 아니다. 너의 사역은 너의 역할을 말하는 것이지 너의 계급을 의미하는 것이 아니다. 이곳에서 계급은 겸손, 섬김 그리고 사랑에서 얻게 된다. 사랑을 더 많이 하는 집사가 더 적게 사랑하는 사도보다 더 높다. 세상에서는 선지자들이 나라를 흔들기 위해 사용될 수 있지만, 이곳에선 그들의 사랑으로 알려지리라. 이것이 또한 너에 대한 하나님의 부르심이다. 나의 사랑으로 사랑하고 나의 마음을 가지고 섬기는 것이다. 이때 우리가 하나가 되리라."

제15장
영으로 드리는 예배

　내가 지혜의 말을 들을 때, 이와 같은 수많은 무리가 있음에도 아무도 하나님의 임재 앞에서 권세나 직분을 원하지 않고 있다는 사실을 이해하기 어려웠다. 내가 이곳에서 보낸 모든 순간마다 하나님의 영광과 권세가 더욱 커지고 있는 것 같았으며 그분을 바라보는 나의 시선 또한 아직도 한정되어 있음을 깨달았다. 마치 온 만물이 엄청난 속도로 확장되고 있으며 그 광활함은 이해되지 않지만, 이것에 비할 바 없는 하나님에 대한 계시는 영원히 그것보다 더 확장될 것이다.
　"어떻게 감히 이 미천한 인간들이 주님을 나타낼 수 있을까요?" 내가 질문했다.

"나의 아버지께서 손가락 하나를 움직이실 때 온 만물이 전율하느니라. 이곳에 거하는 자들은 아무도 네가 너의 말로 세상을 뒤흔든다 하더라도 놀라지 않을 것이다. 그러나 나의 형제 중 지극히 작은 자 한 사람이 사랑을 나타낼 때 이것이 아버지의 마음에 기쁨을 가져다준다. 또한, 가장 보잘것없는 교회 하나가 그들의 온 심령을 다하여 진실한 사랑으로 아버지께 찬양할 때 그분은 천국의 모든 것을 잠잠하게 하시고 그 찬양에 귀를 기울이신다. 주님은 이곳에서 주의 영광을 바라볼 때마다 경배드리는 것을 아시나, 어둠과 어려움 속에서 살아가는 자들이 하나님을 진실한 마음으로 찬양할 때 이것이 천국의 수만 가지보다 더 주님의 마음을 감동케 하느니라. 수없이 많은 때에, 세상의 상한 심령에서 우러나오는 찬양이 나의 아버지를 감동시키는 것을 보고 온 천국이 기쁨의 눈물을 흘리게 하느니라. 적은 수의 성도들이 주님께 찬양을 표현하는 데 겪는 어려움 때문에 주님이 눈물을 흘리신다. 나의 형제들이 진실한 찬양으로 하나님을 감동시킬 때마다 내가 십자가에서 겪었던 고통과 비탄은 마치 적은 대가를 치른것 같이 보인다. 너희가 나의 아버지를 찬양하는 것보다 나에게 더 큰 기쁨은 없다. 내가 십자가의 길을 감당한 이유는 나를 통해 너희들이 아버지를 찬양하게 하기 위함이었다. 이러한 찬양으로 말미암아 아버지와 내가 그리고 네가 모두 하나가 되는 것이니라."

　이미 내가 체험했던 모든 것들에도 불구하고 예수님께서 말씀하실 때 느낄 수 있는 감동은 과거에 내가 체험했던 것보다 훨씬 강렬했다. 예수님은 웃으시거나 눈물을 흘리시지 아니하셨다. 그분의 목소리는 잔잔했으나 예배에 대하여 말씀하실 때 하나님의 깊이를 나타내는 그 말씀은 내가 감당할 수 있는 능력 그 이상이었다. 나는 아버지의 기쁨을 보게 하는 예수님의 가장 깊은 사랑을 듣고 있음을 알았다. 아무나 드릴 수 있는 것이 아닌 진정한 예배는 싸움을 다 싸운 뒤에, 어려움을 겪었던 믿는 자들이 드릴 수 있음을 알았다.

　나는 내키지 않았지만, 처음으로 그분의 모든 영광에도 불구하고 그 장소를 떠나 세상에서 가장 보잘것없는 예배라도 참석하고 싶었다. 나는 우리가 아버지를 감동시켜 드릴 수 있다는 사실에 충격을 받았다. 이러한 어두운 시대에 세상에서 하나님을 찬양하는 한 사람이 천국에서 수천 수백만의 찬양보다 훨씬 의미가 있었다. 다시 할 수 없을지 모르나 세상에서 우리는 하나님의 마음을 감동시킬 수 있다. 나는 이 사실에 너무도 놀란 나머지 내가 쓰러져 엎드린 채 있다는 사실조차 몰랐다. 그 후, 나는 깊은 잠과 같은 것에 빠져들었다.

　나는 아버지를 뵈었다. 수백만, 수천만의 무리가 하나님께 시중을 들고 있었다. 그분의 영광은 너무도 엄청났고 하나님의 임재하심, 장엄함은 그분 앞에 지구가 모래알 같을지라도 그 위엄에 비교될 수 없다는 것을 느꼈다. 내가 하나님의 들을 수 있는 음성을 들었을 때, 나는 마치 태양 앞에 서있는 원자(原子)같이 느껴졌으나 내가 그분을 뵈었을 때, 태양은 그분의 존재 앞에 원자 같다는 것을 깨달았다. 온 우주는 하나님 주위의 커텐(Curtain)과 같았다. 그분의 겉옷은 수백만 수천만의 살아 있는 별들로 구성되어졌다. 하나님의 임재 앞에 모든 것은 살아 있었다. 그의 보좌, 그의 왕관, 그의 홀(笏)까지도…. 내가 그분과 함께 영원히 거하며 감탄을 금치 못할 것을 나는 알았다. 온 우주에 하나님을 찬양하는 것보다 더 높은 목적은 없었다.

곧 아버지는 한 가지를 하시려고 하셨다. 온 천국이 정지되고 응시하고 있는 것 같이 보였다. 아버지는 십자가를 주시하고 계셨다. 성부 아버지를 향한 성자 아들의 사랑이 모든 고통과 어둠을 통해 표출될 때 이것이 아버지를 깊이 감동시키며 진동하게 했다. 아버지가 진동하실 때 하늘과 땅이 진동했다. 아버지가 눈을 지그시 감으시자 하늘과 땅에 어둠이 나타났다. 아버지의 격한 감동은 너무도 거대했기 때문에 나는 만일 이 순간을 조금이라도 더 보고 있다면 더 이상 살아남을 수 없을 것이라고 생각하였다.

곧바로 나는 다른 곳으로 옮겨져 조그마한 교회에서 드리고 있는 예배를 주시하고 있었다. 마치 예언적인 경험에서 일어났 듯이 나는 그 조그맣고 누추한 예배당 안의 모든 자를 알고 있는 것으로 느껴졌다. 모두 그들의 삶 속에서 어려운 시험을 겪고 있었으나, 이곳에서 그들은 그것에 대해 생각조차 하지 않고 있었다. 그들은 그들의 부족한 것을 위해 기도하고 있지 않았다. 그들 모두는 하나님께 감사를 표현하기 위한 찬양을 하려고 노력하고 있었다. 그들은 행복했고, 그들의 기쁨은 진실한 것이었다.

나는 천국을 보았고 온 천국이 눈물을 흘리는 것을 보았다. 곧 나는 또다시 아버지를 보았고 왜 천국이 눈물을 흘리고 있는지도 알았다. 그것은 아버지의 눈에서 눈물이 흐르는 눈물 때문이었다. 표면상 밑바닥에 처한 것 같이 보이고 몸부림치는 이 조그만 무리가 아버지의 마음을 감동시켜 눈물을 자아내게 한 것이었다. 그 눈물은 고통이 아니라 기쁨의 눈물이었다. 이 적은 무리의 경배자들을 향한 아버지의 사랑을 보고 나 역시 눈물을 흘리지 않을 수 없었다.

이 장면보다 더 나를 사로잡은 것이 없었다. 이제는 천국의 모든 영광 속에서 거하는 것보다 세상에서 하나님을 찬양하는 것을 더 사모하게 되었다. 나는 내가 그동안 전달한 메시지가 세상에 남아있는 성도들로 하여금 전쟁을 대비시키도록 도왔다는 것을 알았지만, 이제는 이것이 어떻게 아버지를 감동시킬 수 있는지를 전달하는 것이 아니라는 것을 알았다. 세상에서 가장 낮은자라 할지라도 그런 자가 드리는 진정한 경배야말로 온 천국에 기쁨을 줄 수 있지만 더 중요한 것은 아버지를 감동시킬 수 있다는 것이다. 이런 이유 때문에 천사가 온 은하계에서 권세를 잡는 것보다 믿는 자 한 사람을 돌보는 것을 더 원하는 것이다.

나는 예수님께서 아버지 옆에 서 계신 것을 보았다. 예수님은 아버지께서 적은 무리가 모인 기도회 모임을 주시하고 계신 것을 바라보다가 나를 돌아보시며 말씀하시기를 "이것 때문에 내가 십자가의 길을 간 것이다. 나의 아버지께 비록 잠시일지라도 기쁨을 안겨 줄 수 있다면 나의 모든 행한 것이 가치가 있는 것이다. 너의 찬양이 아버지를 매일 기쁘게 할 수 있다. 너의 어려움 속에 드리는 찬양이야말로 온 천국의 찬양보다 더 깊이 아버지를 감동시키느니라. 이곳에서 주님의 영광이 나타날 때 천사들은 오직 경배를 드리느니라. 그러나 주님의 영광을 보지도 못하고 네가 시험당하면서 아버지를 경배할 때 그것이야말로 신령과 진정으로 드리는 찬양이니라. 아버지는 예배하는 자들을 찾으시느니라. 너의 시험을 헛되게 하지 마라. 무엇을 얻고자 아버지를 경배하지 말고 하나님께 기쁨을 드리기 위해 경배하라. 여호와를 기뻐하는 것이 너희의 힘인 만큼 아버지께 기쁨을 드릴 때 네가 가장 강할 때이니라."

제16장

죄악

그 후, 나는 지혜 옆에 서 있었다. 장시간 동안 그는 나에게 아무 말도 하지 않았으나 사실 더 이상 말이 필요 없었다. 이제 나는 그동안 내가 본 것들을 내 영혼 속에 깊이 새겨야 했다. 나는 아버지를 섬기는 자로서 맡겨 주신 사명을 감당하기 위해 노력했다. 우리 하나님께 비교할 때 태양은 마치 원자 같았고 온 우주는 모래알과 같다. 그럼에도 불구하고 주님은 우리의 기도를 들으시며 우리를 바라보시며 기뻐하시며 또한 내가 확신하는 것은 자주 우리 때문에 안타까워하기도 한다는 것이다. 하나님은 인간이 상상할 수 있는 것보다 훨씬 더 위대하시나 나는 그분이야말로 온 우주에서 가장 감정이 풍부하시다는 것을 알았다. 우리는 하나님을 감동시킬 수 있다. 모든 인간은 하나님이 기뻐하시거나 또는 고통스러우실 수 있도록 하는 능력을 가지고 있다. 나는 그동안 과거에 이 사실을 신학적으로만 알았으나 이제는 지금까지 중요한 것처럼 보이는 모든 것을 철저하게 파괴하며 진리를 알게 되었다.

이 사실을 제대로 전할 수 있도록 표현하는 길은 없으나 세상에서 나에게 주어진 남은 시간을 하나님께 경배하며 살아야 함을 알았다. 이것은 마치 새로운 계시와도 같았다. 나는 하나님께 기쁨을 드릴 수 있다! 나는 예수님께 기쁨을 안겨 드릴 수 있다! 나는 왜 주님께서 이런 것들을 위하여 십자가를 지셨다고 말씀하셨는지 이해할 수 있었다. 아주 짧은 순간일지라도 그분의 마음을 감동시킬 수 있다면 어떠한 희생도 가치가 있는 것이다. 시험이 더 힘들거나 더 큰 어둠 속에서 드리는 찬양이 우리 주님의 마음을 더 감동시킬 것이라는 사실은 너무도 당연한 것이다. 이것 때문에 나는 어려움과 시험을 당하고 싶었으며 이를 통해 하나님을 경배하기를 원했다.

동시에 나는 '그동안 귀로만 듣고 알던 하나님을 이제는 눈으로 봅니다.'라고 하면서 재와 티끌 가운데 회개하던 욥처럼 느껴졌다. 또한, 빌립과 같이 예수님과 그토록 오랫동안 동행했음에도 예수님을 통해서 아버지를 보지 못한 것 같았다. 우리의 아둔함에 천사들이 어찌 놀라지 않을까? 곧바로 지혜가 말했다.

"세상에서 보잘 것 없는 자 중 가장 작은자라 할지라도 아버지를 감동시킬 수 있는 잠재력을 가지고 있음을 기억하라. 이 사실 하나만으로 어떤 값비싼 것보다 그들이 더 소중한 것이다. 이러한 자들 한 사람을 위해서 나는 기꺼이 십자가의 길을 갈 수 있느니라. 나는 너희의 고통도 느낄 수 있느니라. 너의 시험도 내가 동참하기에 알고 있느니라. 나는 모든 영혼의 고통과 기쁨을 느끼느니라. 이것 때문에 내가 지속적으로 너희 모두를 위한 중보기도를 하고 있는 것이다. 이제 곧 그들의 모든 눈에서 흐르는 눈물을 씻길 때가 임박할 것이다. 오로지 기쁨만을 누리게 되는 때가 도래할 것이다. 그때까지 고통도 과정으로 사용되리라. 너의 시험을 헛되게 하지 마라. 하나님에 대한 가장 진실한 경배와 믿음의 표현은 너희가 당하는 시험 가운데서 오는 것이니라. 너는 네 마음을 통해 나를 보아야 하며 또한 다른 이들을 통해서도 나를 보아야 하느니라. 너는 나를 작은 자와 큰 자 가운데에서도 보아야 한다. 내가 지금 네 앞에 서 있는 것처럼 다른 이들을 통하여 각각 다르게 나타나는 것과 같이 다른 사람들을 통하여 네게 오리라. 여러 다른 상황 가운데 네게 오리라. 너에게 있어 가장 큰 목적은 나를 인식하는 것이며 나의 음성을 듣고 나를 따르는 것이 되어야 할지니라."

내가 지혜를 보기 위해 돌아 섰을 때 그는 더 이상 그곳에 있지 않았다. 나는 주위를 둘러보았다. 나는 그를 온 사방에서 느낄 수 있었으나 볼 수는 없었다. 곧 나는 내 앞에 서 있는 증인들을 다시 바라보았다. 나는 지혜를 볼 수 없었으나 내가 이전에 알지 못하던 더 깊은 방법으로 주님이 그들 가운데 계심을 알아차렸다. 종교 개혁자가 다시 말하기 시작했는데 분명 그의 목소리였으나 나에게 직접 말하던 지혜의 음성을 그 사람을 통해서 들을 수 있었다.

"예수님은 언제나 우리 안에 계셨습니다. 그는 당신 안에 계십니다. 그분은 당신이 다시 찾아가야 할 자 가운데에도 계십니다. 때에 따라 예수님은 당신에게 다시 나타나실 것이나, 직접 보지 못할지라도 그분이 거하시는 그의 백성인을 통하여 하나님을 인식해야 할 것입니다. 그는 지혜입니다. 그는 언제, 어떻게 그리고 누구를 통해서 당신에게 말해야 하는지 아십니다. 그분이 당신에게 말씀하시고자 사용하시는 자들이야말로 모두 메시지의 일부분인 것입니다. 그분이 예루살렘을 향하여 눈물을 흘리며 하신 말씀을 기억하십시오. '내가 너희에게 이르노니 이제부터 너희는 찬송하리로다 주의 이름으로 오시는 이여 할 때까지 나를 보지 못하리라 하시니라.' 당신은 예수님께서 당신에게 보내는 사람들을 통하여 그분을 보기 전에는 절대로 예수님을 스스로 볼 수 없을 것입니다."

"당신 같은 사람을 통해서 주님을 보고 듣는 것은 어렵지 않군요."라고 내가 대답했다.

"그러나 세상에서 아직 영광에 이르지 못한 사람들 가운데서 예수님을 보는 것은 그리 쉽지 않습니다."

"세상에선 원래 쉬운 일이 아니지요." 안젤로가 답했다(하늘나라에 가있는 사람, 1권 p.231).

"그분을 찾는 것이야말로 주님과 함께 왕 노릇 할 자들이 받은 부르심입니다. 하나님을 사랑하고 진리를 사랑하는 자들에게 주님을 찾는 것은 세상의 가장 큰 보화나 정복하는 것보다 더 소중한 것입니다."

하나님께 정복당함

"부르심 중에 가장 위대한 것은 하나님께 정복당하는 것입니다." 내가 전혀 모르는 사람이 나를 향해 다가오면서 말했다.

"나는 압니다." 그는 이렇게 덧붙이며 곧 그의 이름을 알려 주었다. 나는 이 사람이 성도들 가운데 있다는 사실에 충격을 받았다. 그는 위대한 정복자였으나 나는 이 사람이야말로 그 어느 누구보다 그리스도의 이름을 욕되게 한 자라고 믿어 왔기 때문이었다.

"나 역시 나의 인생 마지막 순간 직전에 십자가의 은혜를 발견했었지요." 그는 말했다.

"당신은 단순히 그분을 위하여 정복하러 가는 것이 아니라 그분에 의해 정복당하기 위하여 되돌아 가는 것입니다. 만일 당신이 스스로 하나님께 자신을 맡기며 헌신한다면 그분은 당신을 예수님의 이름으로 정복하는 일에 사용하실 것입니다. 진정한 정복이란 사람들의 마음을 사로잡아 그들이 진리로 말미암아 자유케 되도록 하는 것이지요. 예수님을 보다 더 가까이 따르는 자들이야말로 정복하는 일에 가장 많이 사용될 것이며 예수님과 함께 왕 노릇하게 될 것입니다. 이들은 세상에서 자신들이 정복한 사실을 가끔 인식합니다. 그들은 자신들이 이루어 놓은 것이 무엇인지 여기에 오기 전에는 보지 못할 것입니다. 세상에서 귀중한 보배, 심지어 영적으로 생각되는 보화까지 쌓은 자들은 이곳에선 극히 적은 것을 가지게 될 것입니다."

"당신은 세상에서 영원한 보배를 측량할 수 없습니다." 바울이 말했다.

"내가 죽었을 때 내 인생을 다하여 쌓았던 모든 것 역시 소멸될 것처럼 보였습니다. 내 인생을 바쳐 심혈을 기울인 교회들은 배교의 길을 걷고 쓰러졌으며 심지어 가장 가까운 동료도 내게 등을 돌리며 대적했습니다. 내 인생의 마지막 날들은 내가 실패한 것처럼 느꼈습니다."

"그렇지만, 그러나 나는 바울 당신을 영적인 아버지로 여겼는데요." 위대한 정복자는 계속 말했다.

"여기에 있는 많은 이들과 마찬가지로 말입니다. 마지막 때의 대전투를 통과하는 대부분의 사람은 승리자가 될 것입니다. 그것은 그들이 진리를 위해 신실하게 서있기 때문입니다. 당신은 세상에 거하는 동안 진정한 영적 열매를 올바르게 분별할 수 없습니다. 당신의 성공 여부는 유일하게 당신이 얼마만큼 주님을 분명하게 바라볼 수 있는지 그리고 얼마나 당신이 그분의 음성을 알고 얼마나 당신이 형제들을 사랑하느냐를 가지고 분별할 수 있습니다."

곧, 바울이 다시 말하기 시작했다.

"나의 사형이 집행되기 몇 개월 전, 나는 패배한 것처럼 느꼈습니다. 그렇지만 나의 형 집행 당일에는 수년 전 내 발 앞에서 죽어가던 스데반을 기억했습니다. 그날 스데반의 얼굴에서 나는 광채에 대한 기억은 이후 나로 하여금 수많은 시험을 통과하도록 힘을 주었지요. 나는 스데반의 죽음이 어떤 의미에서 나를 위한 것이라고 느끼면서 진실한 빛을 볼 것을 기대해왔었지요. 나는 만일 스데반과 같은 죽음을 당한다면 비록 그동안 내가 해

온 모든 것이 소용없는 것일지라도 나의 인생이 절대로 헛되지 않을 것이라는 확신을 가졌지요. 때문에 비록 나의 사역이 그다지 많은 것을 이루지 못했을지라도 복음으로 인해 죽는다는 사실만으로 감사했지요. 나에게 이러한 계시가 임한 것 같이 은혜도 함께 임했으며 때문에 이 세상에서의 나의 마지막 하루는 그 어느 날보다 귀했던 것입니다. 나는 그때 복음을 전하기 위하여 살아온 것과 나의 정욕 때문에 매일 죽으려고 한 것, 스스로 나 자신을 부인한 것 모두가 비록 나그네 인생길에서는 보이지 않았을지라도 영원한 씨앗들을 뿌린 것이라는 사실을 깨달았습니다. 이곳에 와서야 나는 모든 것이 사실임을 볼 수 있었습니다. 세상에서 당신이 눈으로 보는 열매로만 판단하지 마시고 당신이 해야 할 일을 하는 것이 바로 선한 것입니다. 곧 나는 이 나그네 인생길에서는 보이지 않지만 내가 복음을 위하여 매일 나의 정욕을 죽이고 나 스스로를 포기하며 진실되게 살았던 순간순간이 결국 영원한 생명의 씨앗을 심는 것임을 깨달았습니다. 이곳에 온 뒤, 나는 이 모든 것이 사실임을 눈으로 볼 수 있습니다. 당신 역시 세상에서 보이는 열매로만 판단하지 말고 선한 것이기에 행하는 자가 되십시오. 또한, 열매 맺는 것보다 당신을 향한 하나님의 부르심은 주님을 아는 것이어야 합니다. 당신이 그분을 찾는다면 언제든지 그분을 만날 수 있습니다. 하나님은 그분의 인도하심을 받는 모든 자 가까이에 계십니다. 수많은 자가 그분의 임재하심을 원하지만 인도하심을 받기 원하지 않습니다. 당신은 주님을 원하는 것에 그치지 않고 그분을 만나야 합니다. 이것이 당신에게 주어진 하나님의 부르심입니다. 이것보다 더 소중한 목적은 없습니다. 당신의 승리 여부는 얼마나 당신이 하나님을 찾았는가에 달려 있습니다. 당신은 언제나 스스로 원하는 만큼 주님께 가까이 있을 것입니다. 인생에서의 승리는 당신이 하나님을 얼마나 원하느냐에 달려 있습니다."

곧 바울은 손을 들어 나를 가리켰다.

"당신에게는 많은 것이 주어졌기 때문에 많은 것이 요구될 것입니다. 비록 당신이 믿고 맡겨진 수많은 달란트를 파묻을지라도 당신은 다른 사람들보다 훨씬 더 많은 것을 하실 것이나 당신의 임무는 실패한 것이 될 것입니다. 당신은 절대로 스스로를 다른 사람과 견주지 말고 앞으로 전진하도록 굳게 마음을 먹고 주님만을 찾으십시오. 그리고 모든 영광이 당신에게 계시된다 할지라도 절대로 그 옷을 벗지 마십시오!"

심는 것과 거두는 것

나는 그가 가리키고 있는 겸손의 겉옷을 내려다보았다. 내가 지금 보고 있는 모든 영광 중에 외투의 단조로움은 더해진 것 같았다. 나는 겸손의 겉옷들이 있는 곳에 서서 좋지 않은 모습으로 쳐다보고 있음에 놀랐다. 나는 속에 있는 갑옷을 보기 위해 그 겉옷을 다시 끌어당겼는데 이제 그것은 내가 그동안 보았던 그 어떤 것보다 더 광채를 내고 있었다. 그 갑옷이 어찌나 광채를 내는지 내가 겉옷을 벗으면 벗을수록 더 빛을 발했으며 내 앞에 있던 무리가 그 광채 앞에 희미해지고 있었다. 어쨌거나, 나의 갑옷의 빛이 비치면서 나는 덜 부끄럽다는 느낌을 가졌다. 곧 나는 그곳에 가득한 영광에 대하여 반감을 갖지 않기 위해 겉옷을 다 벗기로 결심했다.

그곳엔 침묵이 흘렀고 나는 잠시 조용히 서 있었다. 나의 갑옷에 발하고 있는 광채 때문에 나는 아무것도 볼 수 없었다. 또한, 내가 아무것도 들을 수 없다는 데 의아해했다. 곧 지혜를 향해 부르짖었다.

"너의 겉옷을 다시 입어라." 그의 대답을 들었다. 내가 그의 말대로 행했을 때, 나는 다시 심판대를 희미하게나마 보기 시작했다.

"주여, 모든 이들에게 무슨 일이 생겼습니까? 왜 모든 것이

다시 어두워졌습니까?"

"이곳에서 너는 그 겉옷을 입지 않고는 아무것도 볼 수 없느니라."

"그러나 이제 입었음에도 불구하고 아직도 제대로 볼 수 없군요." 극한 절망감을 느끼면서 나는 항의하듯 말했다.

"네가 매번 겸손의 겉옷을 벗을 때마다 진리의 빛을 볼 수 없게 눈이 멀게 될 것이며 다시 보기까지 시간이 걸리느니라."

내가 비록 다시 영광을 보기 시작한다고 생각했지만, 전과는 너무도 달랐다. 나는 천천히 희미하게 보기 시작했다. 나는 이루 말할 수 없이 슬펐다.

"바울은 어디 있나요?" 나는 물었다.

"그가 나에게 매우 중요한 것을 말하려던 것을 압니다."

"네가 그 겉옷을 벗었을 때 이곳에 있던 모든 자가 떠나갔느니라."

"왜 그렇습니까? 내가 단지 그 겉옷을 벗었다고 다들 떠나야 했습니까? 저는 단지 제 모습이 부끄러웠을 뿐입니다. 그것이 그들을 기분 나쁘게 했습니까?"

"아니다. 그들의 기분이 상하지는 않았다. 그들은 겉옷을 벗고서는 나를 보지도 듣지도 못한다는 사실을 알기 때문에 각각 자신들의 자리로 되돌아간 것뿐이다."

나는 그 말에 어느 때보다 심한 슬픔을 느꼈다.

"주님, 저는 그들이 제게 아주 중요한 것을 말해주려 했다는 것을 압니다. 그들이 다시 돌아올까요?"

"네가 겉옷을 벗으므로 매우 중대한 계시를 놓친 것은 사실이다. 그 계시는 물론 너에게 도움이 되었을 것이나 방금과 같은 이유 때문에 겉옷을 벗어서는 안 된다는 교훈을 배웠다면 이미 너는 또 다른 중대한 교훈을 얻은 것이다."

"주님, 제 생각에 저는 이미 교훈을 얻은 것 같습니다. 나는 이렇게 기분이 상해 본 기억이 나지 않는군요. 이제 그들이 다시 돌아와 저에게 나누고자 했던 것을 주지 않을까요?" 나는 간곡하게 말했다.

"모든 진리와 지혜는 나에게서 근원 하느니라. 나는 사람들을 통해서 말하며 이는 전하는 자들도 메시지의 일부분이기 때문이다. 네가 너의 겉옷을 입고 있을 만큼 겸손하다면 너에게도 영광 중에 내가 말하리라. 언제든지 네가 겉옷을 벗어버리면 너는 곧 영적 소경, 귀머거리가 되는 것이다. 네가 나를 찾는다면 언제든지 너를 통해서 말하겠거니와 이를 위해선 내가 네게 말하는 방식을 바꿔야 한다. 나는 이것을 통하여 책망하려는 것이 아니라 네가 하루빨리 비전을 받는 데 도움이 되도록 하는 것이다. 이제 내가 이들 증인을 통해 너에게 주려 했던 메시지를 줄 것이나 원수들을 통해서 받게 될 것이다. 이 계시는 시험을 통해서 주어질 것이며 너는 매우 낮아져야만 받을 수 있을 것이다. 이 방법으로만 보다 빨리 너의 비전을 너의 필요에 따라 다시 돌려받게 될 것이다. 앞으로 다가올 것을 너는 볼 수 있는 자가 되어야 한다."

상한 마음

내가 느끼는 슬픔은 감당하기 어려운 것이었다. 나는 내가 영화로움 가운데 받을 수 있었던 것을 이제는 시험을 거쳐야만 받을 수 있다는 사실을 알았으나 이보다 더 견디기 힘든 사실은 내가 방금 전까지 보고 있던 위대한 영광이 이제는 너무 희미하다는 것이었다.

"주님, 내가 한 일에 대해 용서를 구합니다. 이제야 내가 얼마나 잘못 했는지 알았습니다. 이 실수로 인한 고통은 너무도 견디기 힘든 것입니다. 제가 용서받고 제 비전을 되돌려받을 방법은 없습니까? 한순간의 교만이 이렇게 처절하다는 것은 옳지 않게 보입니다." 내가 간구했다.

"너는 용서받았다. 너에게 형벌로 주어진 것은 아무것도 없다. 내가 이미 이 죄와 다른 이들의 죗값을 치렀느니라. 너는 나의 은혜로 사는 것이다. 네가 은혜로 사는 것은 공의의 법에 따른 것이 아니다. 죄의 대가는 나의 은혜에 말미암는 것이다. 심은 대로 거두지 않으면 나의 권세를 너에게 맡기지 않으리라. 사탄이 스스로를 높이며 교만의 길에 첫발을 들여놓았을 때 내가 권세를 맡겼던 수많은 무리의 천사들이 사탄을 따랐느니라. 아담이 타락했을 때 수많은 무리가 고통을 겪었느니라. 내가 맡기는 권세를 가진 자들에게는 해당 책임이 뒤따르게 되어 있다. 책임감 없이는 진실한 권세가 없느니라. 책임이란 네가 잘못된 길을 갈 때 다른 자들이 고통당한다는 것을 의미한다. 허물은 그에 응당한 결과가 따르느니라. 더 많은 권세가 주어질수록 너의 행위가 다른 이들에게 도움이 되거나 또는 해를 끼칠 수 있다. 네 행동에 대한 결과가 없기를 바란다면 참 권세 역시 없어야 하느니라. 너는 첫 피조물보다 훨씬 더 높은 차원의 피조물이니라. 나와 함께 왕 노릇을 하도록 부르심을 받은 자들은 모든 일에 막중한 책임감이 주어졌다. 그들은 사탄이 누렸던 것보다 더 높은 지위로 부르심을 받았느니라. 사탄은 위대한 천사였으나 아들은 아니었느니라. 너는 나와 함께 상속자로서 부르심을 받았느니라. 너의 온 인생에서 시험과 계시 모두는 너로 하여금 권세의 책임에 대한 목적을 가르치고자 한 것이다. 네가 반드시 배워야 할 교훈들을 받을 수 있는 쉬운 길과 어려운 길이 있다. 너는 스스로 겸손할 수 있거나 또는 바위에 떨어져 부서질 수 있고 아니면 바위가 네게 떨어져 너를 가루로 만들게 할 수 있다. 어떤 길이든 마지막에는 철저히 부서지는 것 즉 겸손하게 되는 것이다. 교만은 은혜에서 타락하게 되는 선봉이며 모든 타락의 근원이 되었느니라. 교만은 언제나 비극, 어둠 그리고 고통으로 끝을 맺었다. 내 권세를 맡긴 부르심을 입은 자들과 너에게 책망을 게을리하지 않음은 네가 심는 대로 거두는 것을 배우도록 함이니라. 아도니아는 그의 아버지 다윗 왕이 자신을 훈계하지 않았다고 자랑했다. 반면 솔로몬은 그의 아버지의 훈계를 벗어나지 못함을 불평했다. 솔로몬은 자신이 공평하게 대우받지 못한 것처럼 생각했으나 다윗은 불공평하지 않았다. 그는 솔로몬이야말로 왕으로 부름을 받을 것을 알고 있었다. 더 엄한 훈계를 받는 이들이 바로 더 큰 권세를 누리도록 부르심을 입었느니라. 네가 소경이 된 까닭은 겸손의 자리에서 벗어나 교만으로 옮겨졌기 때문이었다. 겸손한 자는 혼란스러움을 당하지 않는다. 네가 혼란을 느끼기 시작했다면 이는 네가 이미 교만의 자리에 들어섰기 때문이다. 혼돈으로 말미암아 네가 지혜를 떠난 경고로 삼아라. 절대로 혼돈이 네 행동을 주관하도록 허락하지 마라. 만일 그렇게 된다면 너는 더욱 실족하리라. 네가 매 순간을 겸손의 기회로 삼을 때 나는 너에게 더 많은 권세를 맡길 것이다. 너는 네 힘을 자랑하지 말고 네 약함 가운데 자랑하라. 네가 다른 자들을 돕기위해 숨김없이 너의 실패를 말할 수 있을 때 나는 네가 승리한 것을 보일 수 있으리라. 누구든지 자기를 높이는 자는 낮아지고 누구든지 자기를 낮추는 자는 높아지리라."

나는 예수님께서 하신 모든 말씀이 진리임을 알고 있었다. 나 또한 같은 메시지를 수없이 전하지 않았던가. 나는 바울이 디모데에게 그의 가르침에 대해 조심하라고 경고했던 것을 생각하며 내가 전한 메시지가 청중보다 나 자신에게 더 필요했던 것이라고 느꼈다. 이제 나는 내가 입고 있는 겸손의 겉옷보다 빛나는 갑옷 때문에 수치를 느꼈다. 나는 더욱더 겉옷을 꽉 끼어 입었다. 이렇게 하자 나의 눈은 더욱 밝아졌으며 비록 아직도 완전치 않았으나 나의 비전은 증가했다.

나는 돌아서 문을 바라보았다. 나는 최소한 나의 비전을 더욱 받기 전에 그 문으로 돌아가기가 두려웠다.

"이제 가야 하느니라." 지혜가 말했다.

"다른 편에는 무엇이 있지요?" 내가 물었다.

"너의 운명이니라." 그가 답했다.

곧 나는 내가 떠나야 함을 알았다. 나는 그 건너편이 얼마나 어두운지 익히 알고 있었기 때문에 내가 전에 가지고 있던 비전을 가지지 못한 채 들어가야 한다는 사실에 송구스런 마음을 금치 못했다. 이제 나는 한동안 다른 자들을 의지할 것이기에 더 이상 스스로 보는 것을 믿지 않고 예수님을 신뢰할 것을 생각하고 다짐했다. 곧바로 나의 눈은 다시 더욱 밝아졌다. 나는 다시 심판의 큰 방을 향해 그곳에 있는 자들이 예전과 같이 밝은가 보려 했다가 그만두었다. 곧 지혜는 이전과 같이 밝은 광채를 내며 내 옆에 나타났다. 나의 눈은 재빨리 그 빛에 알맞게 조절되어 그분을 제대로 볼 수 있었다. 그는 아무 말도 하지 않았으나 단지 그분을 바라보는 것만으로도 나에게 큰 용기가 생겼다. 그렇지만, 나는 수많은 무리의 증인들로부터 들을 수 있었던 메시지를 듣지 못했음을 후회했다.

"후회가 결의로 바뀔 때 시험은 한결 쉬워질 것이다. 그리고 너의 원수들이 너보다 더 높아지려 나타날 때 너는 권세를 가지고 더 크게 성장해 나의 원수들이 너를 해하지 못하리라."

내가 문을 돌아보았을 때, 나는 놀라움을 금치 못했다. 나는 이전보다 더 많은 것을 볼 수 있었기에 다른 문을 보고 있지 않나 착각할 정도였다. 그것은 마치 더 아름답게 성장한 것 같았으며 이곳을 비롯하여 여태까지 보았던 문들과는 달랐다. 그곳에는 가장 아름다운 글씨로 쓰여진 찬란한 자격증들이 있었으며 모두 금과 은으로 되어 있었다. 또한, 내가 인식하지 못한 매우 아름다운 보석이 있었으나 너무도 위압적이어서 눈길을 돌릴 수 없었다. 그것들은 다 살아 있었다. 나는 그때 그 문 자체가 살아 있음을 깨달았다.

내가 그 문을 응시할 때, 지혜가 내 어깨에 손을 얹었다. "나의 집으로 이끄는 문이니라." 그가 이렇게 말했을 때 순식간에 내가 이 문에 끌리고 있다는 느낌이 바로 내가 그를 처음 쳐다보았을 때와 유사함을 알았다. 어떤 면에선 바로 그분이기 때문이다. 나는 어떻게 이렇게 아름다운 것이 왜 이전에는 평범하고 별로 내키지 않았을까 하고 숙고했다. 예수님은 입으로 표현하지 않은 질문에 답하셨다.

"너는 나와 나의 백성을 보기 전에는 나의 집을 볼 수 없느니라. 네가 겉옷을 벗기 전 나의 백성을 통해 실제로 나의 음성을 듣기 시작했을 때 너의 눈은 더욱 크게 열려 나의 집을 있는 그대로 보기 시작했다. 그곳에는 네가 지금 보는 것보다 훨씬 더 큰 영광이 있느니라. 이것이 문이지만 이보다 더 많은 것이 있다. 네가 너의 시대의 현실로 돌아갈 때 이것이야말로 네가 찾아야 하는 것이니라. 이 문으로 너는 나의 백성을 이끌어야 하느니라. 이를 위해 투쟁해야 하며 이를 짓기 위해 네가 힘써야 하느니라. 이것이 바로 나의 집이니라."

지혜의 손이 내 어깨에 얹혀진 채 나는 문을 향하여 걸었다.

그 문은 열리지 않았으나 중앙으로 나는 통과했다. 내가 그 문을 통과했을 때의 느낌은 어떠한 인간의 말로도 표현할 수 없을 것이다. 한순간에 나는 모든 시대의 영광을 보았다. 나는 하늘과 땅이 하나인 것을 보았다. 나는 수천만의 천사들을 보았고 내가 지금까지 보았던 어떠한 천사보다 더 영화로운 수천만의 무리를 보았다. 이들 모두는 주님의 집에서 섬기고 있었다.

나는 이제 주님의 부르심을 알았다. 비록 이미 많은 것을 지나쳤지만, 나의 모험이 이제 시작된다는 것을 알았다.

…역자 예태해 목사는…

　베스트셀러로 널리 알려진 '속사람'의 저자로 경북 대구에서 장로교 소속인 예종도 목사의 셋째아들로 출생했다. 예태해 목사는 성령의 기름 부음을 인하여 말씀의 은사와 신유의 은사를 받아 10년 이상 한국 목회자 영성수련회를 인도했다. 그는 생명이 넘치는 하나님의 말씀을 전파하여 성령 안에서 많은 교회가 변화를 받아 성장해 가고 있다. 뿐만 아니라 미국, 유럽, 남미, 중국, 동남아 등 온 세계를 다니며 복음전파에 전심을 다하고 있다.
　예태해 목사는 30년이 넘는 목회의 경험을 가지고 현재는 미국 뉴저지에 있는 엠마오 선교교회의 당회장으로 시무하고 있다. 특히 하나님께서 주신 비전을 따라 미국 내에서 소수민족의 한국교회인 엠마오 선교교회를 통하여 성령의 역사가 불이 일듯 계속 일어나 이 성령의 불길이 땅끝까지 전파되기를 기도하고 있다.

저서로는
「속사람」,「하나님의 능력」,「영적 전쟁」
역서로는
「빛과 어둠의 영적 전쟁」,「아버지의 축복」,「성령의 기름 부음」,「나는 환상을 믿는다」,「안방 속의 돼지떼」 등이 있다.

하나님의 부르심

발행일	2001년 5월 11일
수정6쇄	2024년 10월 11일
지은이	릭 조이너
엮은이	예태해
펴낸이	장사경
편집장	강연순
해외마케팅 국장	장미야
마케팅	한영휴, 이현빈, 김학진
편집디자인	김은혜, 김수지
경영총무	조자숙
펴낸곳	Grace Publisher(은혜출판사)

주소 서울 종로구 숭인 2동 178-94
전화 (02) 744-4029 팩스 (02) 744-6578
출판등록 제 1-618호.(1988. 1. 7)

ⓒ 2008 Grace Publisher, Printed in Korea
ISBN 978-89-7917-381-9   03230

이 출판물은 저작권법에 의해 보호를 받는 저작물이므로 무단 전재와 무단 복제를 할 수 없습니다.